Philipp Löpfe
Werner Vontobel

Wirtschaft boomt, Gesellschaft kaputt

.

Philipp Löpfe
Werner Vontobel

Wirtschaft boomt, Gesellschaft kaputt

Eine Abrechnung

orell füssli Verlag

Lektorat: Marion Elmer
Umschlaggestaltung und Motiv: Hauptmann & Kompanie Werbeagentur, Zürich
Druck: fgb • freiburger graphische betriebe, Freiburg

ISBN 978-3-280-05534-2

Die Deutsche Nationalbibliothek verzeichnet diese Publikation in der Deutschen Nationalbibliografie; detaillierte bibliografische Daten sind im Internet über http://dnb.d-nb.de abrufbar.

Inhaltsverzeichnis

KAPITEL 1

Warum dieses Buch?

Die Globalisierung war einst ein Versprechen von mehr Innovation, Wachstum und Wohlstand dank dem freien Austausch von Waren und Ideen. Heute ist Globalisierung ein Experiment, für das jedes Land sein Möglichstes tut, die Nachfrage der anderen zu befriedigen, indem es die eigene unterdrückt. Das Ziel: mehr zu exportieren als alle Konkurrenten. Der inzwischen allgegenwärtige Begriff der Wettbewerbsfähigkeit steht für den Versuch, in diesem idiotischen Nullsummenspiel die anderen zu Verlierern zu machen, bevor man selbst unter die Räder gerät.

Die Globalisierung hinterlässt wenige Sieger, einige, die noch hoffen, und viele, die resigniert haben, weil sie keine Alternative sehen. Gibt es denn eine? Natürlich! In unserem Buch zeigen wir sie auf. Wir werfen einen unaufgeregten Blick auf die Gegenwart und stellen fest, dass auch heute zwischen 80 und 90 Prozent unserer Bedürfnisse durch lokale und nationale Arbeit befriedigt werden. Weil persönliche Dienstleistungen wichtiger werden und neue Technologien die Industrieproduktion verändern, nimmt der lokale Gehalt der Wertschöpfung tendenziell zu. Zwar werden Importe für unseren Wohlstand auch in Zukunft eine gewisse Rolle spielen. Richtig bleibt auch, dass wir Einfuhren letztlich mit Ausfuhren finanzieren müssen. Doch das ist noch lange kein Grund, die Exportfähigkeit zum Fetisch unserer Wirtschaftspolitik zu machen. Wir müssen vielmehr das Schwergewicht auf Befriedigung und Nutzbarmachung unserer eigenen Bedürfnisse legen. Dazu braucht es eine Politik, die sich am Wachstum ökologischer Systeme orientiert sowie lokale Rückkoppelungskreisläufe entwickelt und pflegt. Diese lokale Zukunft hat fast alle Vorteile auf ihrer Seite, aber auch ein wichtiges Handicap – sie wird in der öffentlichen Meinung bislang gar nicht als Möglichkeit wahrgenommen. Unsere ganze Aufmerksamkeit gilt dem Erhalt der globalen Wettbewerbsfähigkeit, dem Kampf gegen den ständig drohenden Abstieg.

Dabei ist eine andere, lokalere und weit bessere Zukunft nicht nur möglich, wir bewegen uns sogar auf sie zu: Unsere Bedürfnisse nach Gütern und Dienstleistungen, die mit Vorteil an Ort und Stelle für den lokalen Gebrauch erzeugt werden, nehmen laufend zu. Auch die modernen Produktionstechnologien entscheiden sich in einem wichtigen Punkt von den alten: Sie brauchen weniger Kapital und weisen kaum noch Skalenerträge auf. Das bedeutet, dass kleine Serien nicht minder kostengünstig hergestellt werden können wie grosse. Und weil der Distributionsaufwand bei einer dezentralen Produktion – mithin nahe beim Konsumenten – abnimmt, wird die lokale Produktion insgesamt günstiger.

Der weitaus wichtigste Vorteil einer lokaleren Produktionsweise liegt jedoch auf einer anderen Ebene: Die global organisierte Wirtschaft zwingt auch der Gesellschaft ihre Regeln auf. Doch widerspricht es unserer Natur, global gesteuert zu werden. Der Mensch braucht lokale, familiäre Bezüge. Alle tragenden Institutionen sind lokal und national. Der grösste Nachteil der globalen Wirtschaft ist nicht ihre zunehmende Ineffizienz, sondern die Tatsache, dass sie die Gesellschaft desorganisiert. Die Beispiele dafür sind allgegenwärtig. Eine lokal organisierte Wirtschaft eröffnet die Möglichkeit, unsere Gesellschaft wieder »artgerecht« zu organisieren.

Doch genau darin liegt die Schwierigkeit der Operation «lokal statt global«: Sie erfordert einen radikalen Strukturwandel, der mächtige Interessen gefährdet. Die Multis dieser Welt haben riesige Produktionsketten und Distributionsapparate aufgebaut, um ihre Produkte über die ganze Welt zerstreut herzustellen, zu verteilen und zu bewerben. Sie werden diese Investitionen nicht kampflos preisgeben – und sie werden dabei von allen Regierungen unterstützt, denen sie mit Abbau von Arbeitsplätzen drohen können.

Das erste Hindernis auf dem Weg zu einer intelligenteren Zukunft ist jedoch nicht die Macht der Multis, sondern der bedauerliche Zustand der etablierten Ökonomie. Sie hat ihren viel zu engen Blick auf die Realität in den letzten Jahren noch einmal entscheidend verengt. Damit ist sie längst nicht mehr in der Lage, die richtigen Fragen zu stellen oder eine Alternative zu noch mehr Globalisierung überhaupt zu erkennen. Fast alles, worauf es im wirklichen Leben ankommt, liegt ausserhalb ihres Horizonts. Die Art und Weise, wie wir heute über Wirtschaft nachdenken und wie Wirtschaftspolitik betrieben wird, ist zu einer Gefahr für die Menschheit geworden. Der grösste Fehler des etablierten Ökonomiebetriebs liegt darin, dass er den Begriff Wirtschaft auf das beschränkt, was für Geld produziert und getauscht wird. Die einzige Instanz der Bedürfnisbefriedigung ist das Unternehmen. Dabei sind die produzierten Autos, Fernsehgeräte, Mars-Riegel und Fernsehserien nur ein kleiner Ausschnitt aus der reichhaltigen Bedürfnispalette der Menschen. Diese Wünsche und Ansprüche werden nicht nur durch Unternehmen gedeckt, sondern auch durch soziale Organisationen wie Familien, Vereine oder Nachbarschaften.

In diesem Buch fassen wir diesen Bereich unter dem Begriff der Selbstversorgung zusammen und unterscheiden ihn von der Geldwirtschaft. Dazwischen liegen gemäss diesem Verständnis lokale Währungen und Tauschgemeinschaften.

Eine als Sozialwissenschaft verstandene Ökonomie darf sich deshalb nicht auf die Frage beschränken, unter welchen Rahmenbedingungen Unternehmen am effizientesten produzieren. Vielmehr geht es darum, die ganze Palette der Bedürfnisse ins Auge zu fassen und sich zu fragen, welche sozialen Organisationsformen welche Bedürfnisse am besten abdecken. Und wie wir das Zusammenspiel dieser Organisationen am optimalsten organisieren. Die Geldwirtschaft und die daran beteiligten Unternehmen sind nur ein Teil dieses Orchesters.

Innerhalb der Geldwirtschaft nehmen die global tätigen Unternehmen zunehmend eine Vorrangstellung ein. Sie produzieren weltweit in grossen Mengen dort, wo die Kosten am tiefsten sind. Und sie verkaufen ihre Produkte da, wo die Kaufkraft hoch und die Margen satt sind. Damit sind sie rein betriebswirtschaftlich sehr effizient. Doch wir erlauben uns, die Frage nach dem volkswirtschaftlichen Nutzen von Multis zu stellen. Das Urteil fällt negativ aus:

- Viele Multis geben für Werbung und Vertrieb mehr aus als für die Produktion. Dank ihres Marketingwissens und kraft ihrer immensen Datenbanken fällt es ihnen leicht, künstliche Bedürfnisse zu wecken. Im Erkennen von echten Bedürfnissen sind ihnen jedoch die lokal verankerten sozialen Organisationen weit überlegen.
- Mit ihrer Marktmacht generieren Multis hohe Gewinne, die sie zunehmend ungleich verteilen. Sie schaffen damit eine Wirtschaft, in der vor allem die Gelüste von wenigen,

mit Kaufkraft ausgestatteten Reichen befriedigt werden, während die echten Bedürfnisse einer Mehrheit auf der Strecke bleiben.

- Mit ihrem gebieterischen Verlangen nach billigen, jederzeit flexibel einsetzbaren Arbeitskräften zerstören Multis das soziale Gefüge und damit die Grundlage, auf der die Selbstversorgungswirtschaft gedeihen kann.

Die etablierte Ökonomie scheint derzeit unfähig, die volkswirtschaftliche Effizienz multinationaler Unternehmen in Frage zustellen. Dies liegt unter anderem daran, dass sie immer noch im Harmoniedenken des allgemeinen Gleichgewichts gefangen ist. Diese Theorie kennt keinen Widerspruch zwischen dem Gewinnstreben der Unternehmen und dem Allgemeinwohl. Nach ihrer Lesart sorgt der Wettbewerb für mehr Effizienz, die wiederum allen zugutekommt. In der Realität steigern Unternehmen ihren Profit jedoch nicht nur durch mehr Effizienz, sondern auch durch Ausbeutung. Ob die Wirtschaft im Effizienz- oder im Ausbeutungsmodus arbeitet, hängt vor allem vom Arbeitsmarkt ab. Ist er im Gleichgewicht, müssen die Unternehmen Effizienzgewinne via höhere Löhne oder tiefere Preise mit den Arbeitnehmern teilen. Ist der Arbeitsmarkt aus der Balance, führen Produktivitätsfortschritte zu Stellenabbau und zu sinkenden Löhnen. Globale Produktionsketten und die Möglichkeit, Arbeitnehmer unterschiedlicher Länder gegeneinander auszuspielen, begünstigen den Ausbeutungsmodus. Eine solche Wirtschaft ist nur aus Sicht der Sieger effizient.

Die globale Wirtschaft und die Finanzindustrie haben einen Grad an Komplexität erreicht, der unser Denkvermögen überfordert. Das zeigt sich etwa am Beispiel der aktuellen

Endlosdiskussion über das sogenannte Quantitative Easing (QE). Wer diesen Begriff googelt, erzielt mittlerweile 13,3 Millionen Treffer. Gemeint ist damit der massenweise Aufkauf von Staatspapieren durch die US-Notenbank, die Bank of England und die Bank of Japan mit dem Zweck, die Aktivseite der Geschäftsbanken mit billigem Notenbankgeld aufzufüllen. Ursprüngliches Ziel der Übung war es, einerseits mit billigen Krediten einen Boom der Aktien und/oder Immobilienmärkte zu erzeugen; das sollte andererseits die Haushalte animieren, mehr Geld auszugeben und so die Wirtschaft anzukurbeln. Bei Redaktionsschluss dieses Buches wurde in der Szene der Ökonomen vor allem heiss über die Frage diskutiert, ob ein drohender Einbruch der überzogenen Aktienkurse und Immobilienpreise nicht das baldige Ende des Quantitative Easing bedeuten könnte.

Ökonomiestudenten im ersten Semester hätten wahrscheinlich vor dreissig Jahren noch naiv, aber treffend gefragt: »Warum kurbelt man die Konjunktur nicht einfach mit höheren Löhnen an?« Doch auf die naheliegende Idee, die Haushalte über Lohnerhöhungen mit der nötigen Kaufkraft auszustatten, kommt heute niemand mehr. Für diese Denkblockade gibt es diverse Gründe:

Erstens senken steigende Löhne die Konkurrenzfähigkeit. Das ist ein riesiges Problem für alle, die fest daran glauben, dass zusätzliche Nachfrage nur durch steigende Exporte möglich ist.

Zweitens kann es den Ruf eines Ökonomen schädigen, wenn er sich mit Fragen der Einkommensverteilung befasst. Die Fähigkeit, Verteilungsfragen konsequent auszublenden, unterscheidet den seriösen Ökonomen schliesslich vom Klassenkämpfer und vom Gewerkschaftssekretär. Zwischen den beiden vermeintlichen Denkschulen liegen im Übrigen mindestens zwei Lohnklassen.

Drittens sind Ökonomen gebannt von kurzfristigen Veränderungen, von »hochfrequenten Mikrodaten«. Das Lohnniveau ändert sich im besten Fall jährlich; bis die entsprechenden Daten publik werden, dauert es zwei Jahre. In der Zwischenzeit ist bereits 24 Mal die »Sparneigung« gemessen worden. Wenn man diese Zahlen mit den Börsenkursen korreliert, lassen sich daraus »Elastizitäten« ableiten, denen man den bedeutungsvollen Namen »Wealth Effect« geben kann. Wenn sich diese intellektuelle Spielerei erst einmal eingebürgert hat, kann man daraus sogar noch eine Politik entwickeln, eben das Quantitative Easing. In Wirtschafts-Talkshows und Zeitungskommentaren wird über dessen Für und Wider endlos debattiert. Das generiert Aufmerksamkeit und Umsätze – und lenkt von den eigentlichen Problemen ab.

Doch verharren wir noch kurz bei einem Nebenproblem. Beim Quantitive Easing geht es um einen kleinen Teilaspekt der grossen, dominierenden Frage: Wie bringen wir die Staaten dazu, ihre Schulden abzubauen oder wenigstens nicht weiter anzuhäufen? Und wie können wir – bis es so weit ist – den grossen Finanzkollaps vermeiden? Bei dieser Diskussion offenbart sich eine weitere, nahezu unglaubliche intellektuelle Schwäche der etablierten Ökonomie: mangelnde Kenntnis der Grundlagen. Die Staatsschulden sind eine isolierte Grösse aus der nationalen Buchhaltung. Den Schulden des Staates stehen die Guthaben der drei übrigen Sektoren gegenüber – Unternehmen, private Haushalte und Ausland. Der Sektor Ausland wiederum besteht aus Staat, Unternehmen und Privatushalten. Will der Staat also Schulden abbauen, muss mindestens ein anderer Sektor Guthaben abbauen. Deshalb kann man schlecht über den Abbau von Staatsschulden diskutieren, ohne sich Gedanken darüber zu machen, wie sich die Schulden und Guthaben der anderen Sektoren verändern. Doch das kümmert offenbar kaum jemanden. Alle fordern den Abbau von Staatsschulden. Keiner spricht davon, wie man im Gegenzug den Unternehmenssektor dazu bringt, seine exorbitanten Gewinne zu reduzieren.

Dass man auch über Schulden diskutieren kann, ohne den Boden unter den Füssen zu verlieren, zeigt der Ethnologe David Graeber in seinem Buch *Schulden – die ersten 5000 Jahre* auf. Seine Motivation für die Publikation beschreibt er wie folgt: »Ich habe bei meinen Feldforschungen in Madagaskar erlebt, dass Kinder an Malaria gestorben sind, weil die Regierung aus Spargründen die Bekämpfung der Moskitos eingestellt hatte. Die Regierung wiederum sparte, weil sie vom Internationalen Währungsfonds dazu gezwungen wurde. Als ich diese und andere Geschichten zu Hause erzählte, sagte man mir: ‹Warum regst du dich auf? Schulden muss man doch bezahlen?› Das hat mich zunächst nachdenklich und danach neugierig gemacht. Ich wollte wissen: Warum ist die Schuldenmoral so absolut unanfechtbar? Warum ist das Bezahlen von Bankschulden wichtiger als das Leben von Babys?«

Seine Neugier hat Graeber dazu geführt, die Schuldenfrage in einem ganz anderen Licht darzustellen. Für ihn sind finanzielle Verbindlichkeiten nur ein kleiner Ausschnitt aus dem komplexen Netz der zwischenmenschlichen Verpflichtungen und Ansprüche von Schuld und Sühne. Deren Besonderheit liegt für ihn darin, dass finanzielle Schuldverhältnisse bezifferbar sind und dadurch ihren zwischenmenschlichen Bezug verlieren. Andere Verpflichtungen werden nicht eingefordert, wenn das für die Schuldner eine Zumutung bedeutet oder wenn zwischen dem Nutzen des Gläubigers und dem Aufwand für den Schuldner ein grobes Missverhältnis besteht. Bei finanziellen Forderungen verschwindet diese Beisshemmung. Das erklärt ein Stück weit die Rolle, die die herzensgute Frau Merkel in der Bewältigung der Eurokrise spielt. Die Unmenschlichkeit ihrer Vorgehensweise liegt nicht an der Person, sondern in der Natur ihrer Forderung.

Graeber ist einer von vielen Ethnologen, Soziologen, Historikern und Ökonomen, die uns geholfen haben, die Geldwirtschaft in einem grösseren sozialen Kontext zu sehen: als eine von vielen sozialen Institutionen, die Bedürfnisse befriedigt, soziale Verpflichtungen verrechtlicht und damit auch moralische Massstäbe setzt – nicht immer zum Guten. So gesehen segelt unser Buch mitten im Mainstream. Wir wollen die Ökonomie nicht neu erfinden. Im Gegenteil: Wir wenden ihre ganz banalen Buchhaltungsregeln an und benutzen dabei die offiziellen Zahlen und Statistiken der OECD, der EU sowie anderer anerkannter Quellen. Wir nehmen uns dabei aber die Freiheit heraus, uns immer wieder aus dem Korsett der orthodoxen Theorien zu befreien und Ausflüge in andere Disziplinen zu unternehmen.

Das Ergebnis unserer Bemühungen hat uns selbst erstaunt. Und es stimmt uns optimistisch: Wenn man die Grenzen der etablierten Ökonomie sprengt, die Ökonomie von den Bedürfnissen her denkt und das Puzzle der Wirtschaft neu zusammensetzt, wird einiges klarer, was bisher verschwommen war. Es zeigt sich, dass wir bereits unterwegs sind in eine Zukunft, in der die Bedürfnisse vermehrt lokal geweckt und lokal gedeckt werden und in der Multis nur noch eine untergeordnete Rolle spielen. Das eröffnet die Perspektive auf eine neue Marktwirtschaft, die dezentraler organisiert ist und auf Massenproduktion und Skaleneffekte verzichten kann. Eine solche Wirtschaftsordnung ist keine nostalgische Rückkehr in die Vergangenheit. Ohne moderne nachhaltige Energieformen, ohne Internet, ohne Solarchemie, ohne intelligente Netze oder 3-D-Printer wird es keine lokalere, im menschlichen Sinn effizientere und damit auch ökologischere Zukunft geben. Die Technologie allein kann es aber nicht richten. Noch droht uns eine globalisierte Zukunft, in der die Produktion zwar o.k. ist, aber alles andere und insbesondere die Gesellschaft k.o.

Um diese Entwicklung zu verhindern, müssen wir uns von der fixen Idee lösen, dass die Wirtschaft unsere Gesellschaft in erster Linie durch die Menge ihrer Produkte beeinflusst. Viel wichtiger für unser Glück und Wohlbefinden ist die Art und Weise, wie die Wirtschaft unsere Gesellschaft organisiert oder desorganisiert. Dieses Buch ist deshalb nicht nur eine Gebrauchsanweisung für eine intelligentere Zukunft, sondern auch eine Abrechnung mit der etablierten Schmalspurökonomie.

KAPITEL 2

Ohne Geschmack kein Geschäft

Im ersten Kapitel haben wir schwere Vorwürfe gegen die globale Wirtschaft im Allgemeinen und gegen die Multis im Besonderen erhoben: Ihnen gelinge es nicht, die vitalen Bedürfnisse der Konsumenten zu erkennen, sie verschwendeten erhebliche Ressourcen darauf, Bedürfnisse erst zu wecken, damit künstlich Nachfrage zu schaffen und so ihre Marktstellung zu festigen. Kurz: Ihre Produkte und Dienstleistungen seien schlechter und teurer, als dies bei lokaler Wirtschaftsweise möglich wäre.

Zumindest für die Nahrungsmittelindustrie, sollte man meinen, können diese Vorwürfe eigentlich nicht zutreffen. Essen müssen alle. Ein natürlicheres und wichtigeres Bedürfnis gibt es nicht. Schliesslich gehören Nahrungsmittel zum Grundbedarf. Da müssen die meisten Familien genau rechnen und die Preise vergleichen. Auch die Qualität der Ware können die Konsumenten jeden Tag am eigenen Leib testen. Die Folgen verdorbener Güter schleckt keine Werbung weg. Wenn es irgendwo einen harten Preiswettbewerb mit knappen Gewinnmargen geben sollte, dann müsste man ihn in der Nahrungsmittelindustrie erwarten. Wenn Kunden irgendwo ihre Qualitätsansprüche durchsetzen und ihre eigene Macht in die Waagschale werfen könnten, dann hier. Heute weiss auch jedes Kind, dass ein Zusammenhang zwischen Ernährung und Gesundheit besteht.

Die Lebensmittelbranche ist also der Lackmustest für unsere These: »The proof of the pudding is in the eating«, wie die Engländer sagen. Schauen wir genauer hin.

Die bunte Welt des Convenience-Food

Die Zutaten für das übliche Sonntagsfrühstück eines Durchschnittsschweizers – Kaffee, Ei, Joghurt, Butterzopf, Butter und Konfitüre – sind vor dem Verzehr rund zweimal um den Globus gereist. Das erfahren wir aus der *NZZ am Sonntag*. Die Lebensmittelspezialistin der *New York Times,* Melanie Warner, rechnet uns vor, dass ein gewöhnliches Pouletsandwich der Fastfood-Kette Subway 105 Zutaten aufweist.[1] 55 davon sind Pulver, die dem Sandwich aus verschiedensten Gründen beigefügt werden. Das Pouletfleisch enthält 13 Additive, darunter Kalziumchlorid, Maltodextrin, modifizierte Kartoffelstärke und Sodiumphosphate. Die Glasur hat 12, die Sojasauce 8 und das italienische Weissbrot 22 Zusätze. Mit anderen Worten: Wer sich vor Augen führen will, wie die Globalisierung unsere Wirtschaft pervertiert, findet in der Lebensmittelindustrie reichlich Nahrung.

Heute kauft man keine Nahrungsmittel mehr ein, heute legt man Convenience-Food in den Einkaufswagen. In den USA fallen fast drei Viertel aller Lebensmittel, die eine durchschnittliche Mittelstandsfamilie verzehrt, in diese Kategorie. Bei uns sind die Verhältnisse nur unwesentlich besser. Selbst angehende Kochlehrlinge hätten keine Ahnung, wie man Teigwaren zubereitet, klagen Schweizer Hauswirtschaftslehrerinnen. Wie sollten sie auch? Im digitalen Zeitalter ist Ko-

---

1 Melanie Warner, *Pandora's Lunchbox: How Processed Food Took Over the American Meal,* Scribner, 2013.

chen eine Tätigkeit, die Stars in TV-Studios ausüben. Das Publikum wärmt Vorgekochtes auf. Nur an lauen Sommerabenden braten Heerscharen von selbsternannten Gourmets auf Kugel- oder Gasgrills Koteletts und Würste, um diese zusammen mit vorgewaschenem und mit Fertigsauce übergossenem Salat zu servieren.

Warum sollten wir uns auch nicht von Convenience-Food ernähren? Es ist praktisch, billig – und es schmeckt. Lebensmittelingenieure sind heute in der Lage, eine scheinbar unendliche Auswahl von verschiedensten Gerichten auf unseren Esstisch zu zaubern, schön verpackt in einzelne Portionen. Die Auswahl beschränkt sich nicht auf Pizza und Pasta. Ob indonesisches Mah-Meh, chinesisches Schweinefleisch Sweet and Sour, mexikanische Burritos – alles ist heute vorgefertigt erhältlich und muss nur noch in die Mikrowelle oder in den Backofen geschoben werden.

Warum Sie keine Frühstücksflocken essen sollten

Frühstücksflocken sind ein weiteres klassisches Beispiel für den Triumphzug des Convenience-Food. Dabei entstanden sie in der besten aller Absichten. So hat Maximilian Oskar Bircher-Benner das legendäre »Swiss Müesli« im Namen der Volksgesundheit entwickelt. Auch John Harvey Kellogg ging es um das Wohl der Menschen. Er war ein fundamentalistischer Sektierer, ein devoter Anhänger der Siebenten-Tags-Adventisten, der sich damit brüstete, in vierzig Jahren die Ehe mit seiner Frau Ella nie vollzogen zu haben. Stattdessen zog er 42 Waisenkinder gross. Er war überzeugt, dass Fleisch und vom Tier abstammende Produkte besonders morgens äusserst ungesund seien. Daher entwickelte er ein alternatives Frühstück auf pflanzlicher Basis.

Kellogg hatte Erfolg, wenn auch zufällig. Eines Abends hatte seine Frau Maiskörner gekocht und vergessen, über Nacht das Wasser abzugiessen. Am nächsten Morgen waren die Körner aufgequollen und weich. Kellogg rollte sie mit einem Teigroller flach und erhitzte sie im Backofen. Das Resultat waren knusprige Frühstückflocken. 1897 gründete Kellogg die Sanitas Food Company und begann, seine Flocken in die ganze Welt zu verschicken. Damit aus diesem Kleinunternehmen ein globaler Lebensmittelkonzern entstand, brauchte es nochmals einen Akt des Zufalls. Kellogg hatte nämlich strikt verboten, seine Frühstücksflocken mit Zucker zu servieren. Als er sich auf Europareise befand, setzte sich sein Bruder Will Keith Kellogg über dieses Verbot hinweg. Die gezuckerten Flocken waren bei den Patienten in der Gesundheitsklinik ein Renner. Der geschäftstüchtige Will Keith kaufte seinem älteren Bruder die Anteile am Unternehmen ab und baute es Schritt für Schritt zu dem weltweit bekannten Flockenkonzern um. Heute setzt Kellogg's jährlich für 13 Milliarden Dollar Frühstückflocken um.

Mit Volksgesundheit hat das allerdings nichts mehr zu tun. Das Milliardengeschäft floriert nur unter drei Bedingungen: Erstens: Die Flocken müssen den Menschen schmecken. Zweitens: Sie müssen bis zu neun Monate auf dem Gestell eines Supermarktes gelagert werden können, ohne dabei Schaden zu nehmen. Und drittens: Sie müssen billig sein. Am besten erreicht man all diese Vorgaben, indem man die Flocken – überspitzt formuliert – in geraffelte Biskuits verwandelt. Dafür werden zuerst die gesundheitlichen Prinzipien über Bord geworfen und danach die Getreidekörner einem harten industriellen Prozess unterzogen. Konkret: Sie werden erhitzt, zermahlt und mit Chemikalien behandelt. Die nahrhaften Teile des Getreides überleben diesen Prozess in der Regel nicht. Die Vitamine, die auf den Packungen angepriesen werden, müssen daher nachträglich wieder hinzugefügt werden. Meist stammen sie aus chinesischer Billigproduktion.

Im Kampf um den Platz auf den Regalen der Supermärkte und um die Gunst ihrer Kunden – vor allem jene der Kinder – gehen die Hersteller unzimperlich vor. Sie setzen auf Zucker und zweifelhafte Werbung. Kellogg's bezeichnete beispielsweise einen seiner wichtigsten Umsatzträger »Sugar Coated Frost«. Seitdem die Kinder immer dicker werden, ist man vorsichtiger geworden und hat das Wort Zucker aus der Werbung verbannt. Nicht selten springt Pseudo-Wissenschaft in die Lücke. So behauptete Kellogg's in einer Werbekampagne im Jahr 2008 unverblümt, die »Frosted Minis« erhöhten die Gedächtnisleistung von Kindern um bis zu 20 Prozent. Marketingmässig war dies ein genialer Schachzug. Kellogg's traf die erwerbstätigen Mütter genau dort, wo es weh tut: beim schlechten Gewissen. Weil es so bequem ist, den Kleinen eine Schüssel mit Flocken zu füllen und Milch darüberzuschütten, sind Frühstücksflocken für gestresste Eltern ein Geschenk des Himmels. Weil die Schädlichkeit des Zuckers sattsam bekannt ist, melden sich aber auch Skrupel. Diese lassen sich dann mit der vermeintlich gedächtnisfördernden Wirkung besänftigen.

Wenn es darum geht, wissenschaftliche Beweise für vermeintlich gesundheitsfördernde Wirkungen zu liefern, ist die Nahrungsmittelindustrie sehr erfinderisch. Sogenanntes Functional Food – Nahrung, die auch medizinisch wirkt – liegt im Trend. Das bekannteste Beispiel ist die Kontroverse um die LC-Joghurts von Danone und Nestlé. Den Vogel abgeschossen hat jedoch der Nahrungsmittelkonzern Heinz. Er pries sein Ketchup einst mit dem Argument an, es beuge gegen Prostatakrebs vor. Tatsächlich enthalten Tomaten einen Wirkstoff, der gegen die gefürchtete Männerkrankheit helfen kann. Doch im Ketchup ist er, wenn überhaupt, in so geringen Mengen vorhanden, dass man es hektoliterweise verzehren müsste. Auf Druck der US-Gesundheitsbehörden musste Heinz sein reisserisches Versprechen zurückziehen. Auch gegen die dreiste Behauptung, »Frosted Minis« würden die Gedächtnisleistung fördern, schritten die Behörden ein. 2011 akzeptierte Kellogg's einen Vergleich, zahlte eine Busse von 2,8 Millionen Dollar und spendete weitere 5 Millionen für wohltätige Zwecke. Inzwischen hatten die Werber bereits Realersatz gefunden, nämlich den Slogan: »Frosted Minis« sind besser als gar kein Frühstück. Auch das kommt bei den von Schuldgefühlen geplagten Müttern sehr gut an – und lässt sich schwer widerlegen.

Salz, Zucker und Fett

Die Lebensmittelindustrie ist geradezu ein Musterbeispiel der globalisierten Wirtschaftsordnung. Auf allen Stufen wird sie beherrscht von mächtigen Playern. Bei Saatgut und beim Tierfutter haben Firmen wie Cargill, ArcherDanielsMidland, Monsanto und Syngenta das Sagen, in der Verarbeitung Nestlé, Kraft, Unilever und Pepsico, im Verkauf Walmart und Carrefour. Dazu kommen nationale Marktführer wie Aldi, Migros und Coop. Diese Konzerne managen riesige globale Versorgungsketten. Diese Ketten erlauben es ihnen, Lebensmittel äusserst effizient herzustellen und sie dorthin zu verschieben, wo sie am meisten Gewinn abwerfen. Nur eines können sie nicht: Lebensmittel auch so zu produzieren, dass sie gesund und bekömmlich sind. Der Journalist Michael Moss zeigt in seinem Buch *Salt, Sugar, Fat* auf, warum Convenience-Food nur mit Hilfe von grossen Mengen dieser drei Zutaten hergestellt werden kann. Und dies sei auch der Grund dafür, dass die Menschen immer dicker würden.[2]

Salz, Zucker und Fett haben einen grossen Vorteil: Sie sind billig. In den 1980er Jahren haben die Lebensmittelingenieure herausgefunden, wie man Zucker aus Maismolasse gewinnen kann. Die Zutaten für Süssgetränke sind daher vernachlässigbar. Sofort machten sich Coca-Cola, Pepsi Cola & Co. daran, die Mengen zu erhöhen. Die Flaschen wurden immer grösser. Mit dem sogenannten Supersizing wurden die Kunden allmählich an immer grössere Portionen herangeführt. Mit Erfolg: Wenn es um Werbung und Marketing geht, spielen die Süssgetränkehersteller in der Champions League. Seit Jahrzehnten versteht es beispielsweise Coca-Cola ausserordentlich geschickt, ihr Produkt mit Glück in Verbindung zu bringen. Es ist kein Zufall, dass grosse Sportanlässe mit hohen Beträgen gesponsert werden. Kinder trinken – zusammen mit ihren Vätern – im Fussballstadion Coke, wenn sie die Tore ihres Lieblingsclubs bejubeln. Im Zweiten Weltkrieg gab Coca-Cola das Versprechen ab, dass jeder Soldat für fünf Cents eine Coke kaufen könne, wo immer er auch stationiert sei – und löste es ein. Ein solcher Einsatz lohnt sich. Coca-Cola ist heute eine der wertvollsten Marken der Welt.

Wie verhängnisvoll sich die geballte Werbekraft der Cola-Hersteller und der konzentrierte Zuckergehalt ihrer Produkte

---

2 Michael Moss, *Salt, Sugar, Fat: How the Food Giant Hooked Us,* Random House, 2013.

auf die Menschen auswirken, schildert der ehemalige Coca-Cola-Topmanager Jeffrey Dunn dem Journalisten Michael Moss. Dunn war ein durch und durch loyaler Coke-Mann. Schon sein Vater war für den Süsswasser-Konzern tätig gewesen, er selbst hatte den Cola-Krieg gegen den Erzrivalen Pepsi mit Begeisterung ausgefochten. »Ich hatte bei Coke immer das Gefühl, das Richtige zu tun«, sagt er. Als Dunn nach seiner Scheidung eine neue Partnerin kennenlernte, kamen Zweifel auf. Er begleitete die Anthropologin auf ihrer Feldforschung nach Brasilien. Dort sah er, wie absolut hilflos die Kinder des aufstrebenden brasilianischen Mittelstandes der Marketingarmee von Coca-Cola ausgeliefert waren. »Man kann die Statistiken über Fettleibigkeit und die Statistiken über den Konsum von Süssgetränken übereinanderlegen«, stellt er ernüchtert fest. »Und sie korrelieren zu 99,99999 Prozent.« Heute vermarktet Dunn Bio-Karotten für Babynahrung.

1986 wurde in den USA ein grossräumiger Test durchgeführt. Ziel war es, herauszufinden, warum die Menschen immer dicker werden. 120 000 Teilnehmer machten mit. Sie mussten alle vier Jahre minutiös über ihre Essgewohnheiten Auskunft geben. Im Jahr 2011 wurden die Ergebnisse dieser Studie im renommierten *New England Journal of Medicine* publiziert. Wie erwartet waren an der Gewichtszunahme die üblichen Verdächtigen beteiligt, also: Süssgetränke, rotes und verarbeitetes Fleisch wie Schinken und Wurstwaren, Glace etc. Den schlimmsten Dickmacher hatte jedoch niemand erwartet: die unscheinbaren Pommes Chips. Sie enthalten Zucker (in Form von Kartoffelstärke), Salz und Fett in hochkonzentrierter Form.

Für die Nahrungsmittelindustrie ist Salz die Wunderwaffe schlechthin. »Salz macht sogar, dass Zucker süsser schmeckt«, stellt Michael Moss fest. »Es macht auch die Crackers und Waffeln knackig. Es verzögert den Fäulnisprozess und hilft so, dass die Produkte länger aufbewahrt werden können. Und vor allem, es überdeckt den bitteren oder langweiligen Geschmack, der so vielen Convenience-Produkten eigen ist, bevor Salz hinzugefügt wird.« Nicht umsonst heisst es in der Branche: Ohne Salz kein Geschmack, und ohne Geschmack kein Geschäft.

Zucker und Salz machen süchtig. Neurologische Forschungen zeigen, dass sie im Gehirn wie Drogen wirken, ähnlich wie Kokain. Fett hingegen gleicht Heroin, es hat eine beruhigende Wirkung. Und es sorgt ebenfalls dafür, dass wir von industriell hergestelltem Convenience-Food nicht genug kriegen können. »Fett verwandelt fade Chips in knackige Wunder«, stellt Michael Moss fest. »Es verwandelt ebenso trockene Brotleiber in weiches, schmackhaftes Brot und ledriges Fleisch in eine Delikatesse.« Während bei Zucker und Salz der menschliche Geschmackssinn irgendwann »Stopp« ruft, ist dies bei Fett nicht der Fall. Ob Glace oder Snacks, überall gilt: je mehr Fett, desto mehr Geschmack. Das wird skrupellos ausgenützt. Etwa so: Industriekäse eignet sich bestens, Fertigpizzas schmackhafter zu machen. Käse wird aus Milch gewonnen, und Milch wird in den meisten Ländern vom Staat subventioniert. Für die Volksgesundheit sind die Folgen pervers: Mit staatlicher Förderung wird immer mehr Käse in die Pizzas gepumpt. In Nordamerika hat sich deshalb der Käsekonsum seit den 1970er Jahren verdreifacht, und er steigt weiter, um fast ein Kilo pro Jahr. Gleichzeitig starten Gesundheits- und andere Behörden aufwendige Programme, um übergewichtige Kinder wieder fit zu trimmen.

Es ist kein Zufall, dass zwischen der Nahrungs- und der Tabakindustrie enge Verbindungen bestehen. General Mills und Kraft gehören zu Philip Morris (Marlboro), der Zigarettenhersteller RJR (Camel) und der Cookie-Hersteller Nabisco (Oreo) haben sich einst in einer spektakulären Elefantenhochzeit vermählt. Sind die Nahrungsmittelkonzerne eine Art legale Drogenhändler? Angesichts des Suchtpotenzials von Salz, Zucker und Fett ist die Frage durchaus berechtigt. In vielen US-Städten beginnen sich Eltern gegen die legalen Drogenhändler zu wehren. Süssgetränke und Junkfood sind inzwischen zwar aus den meisten US-Schulen verbannt. Doch rund um die Schulhäuser ist, wie im Drogenbusiness üblich, eine Kleinhändlerindustrie entstanden. Imbissbuden leben davon, dass sie den Schülern Snacks und Süssgetränke verkaufen. Eltern organisieren sich in Bürgerwehren und versuchen, ihre Kinder am Betreten dieser Shops zu hindern. »Diese Eltern haben taktisches Training von lokalen Gruppen erhalten, die in den 1980er und 1990er Jahren gegen Crackhäuser gekämpft haben«, schreibt Moss. Dem *New York Times*-Journalisten ist noch eine weitere Parallele zur Drogenszene aufgefallen: Die von ihm interviewten Topmanager der Nahrungsindustrie vermeiden es tunlichst, ihre eigenen Produkte zu konsumieren.

Dabei würden die meisten Nahrungsmittelmanager gern gesundes Convenience-Food verkaufen, wenn sie es bloss könnten. Doch sie stecken in der Falle. Die grossen Nahrungsmittelkonzerne sind Publikumsgesellschaften, die Aktionäre erwarten eine regelmässige Dividende, und steigende Kurse. Daher brauchen die Hersteller billige Grundnahrungsmittel wie Mais und Soja, die industriell verarbeitet und mit Salz, Zucker und Fett schmackhaft gemacht werden. Immer wieder gibt es Versuche, aus diesem Schema auszubrechen. Indra Nooyi, die erste Frau und die erste Inderin an der Spitze von PepsiCo, wollte gesunde Snacks für den Massenmarkt produzieren. Sie wies ihre Tochtergesellschaft Frito-Lay an, zusammen mit einem russischen Hersteller gesunde Snacks und Drinks zu fertigen. Dann meldete PepsiCo im Frühjahr 2011 schlechte Quartalszahlen. Die Reaktionen waren heftig. »Der grösste Teil der Schwäche liegt darin, dass sich das Management auf ein Das-ist-besser-für-dich-Portfolio konzentriert«, schrieb das Wirtschaftsmagazin *Business Week.* »Das Management hat den Fokus vom Kerngeschäft – Pepsi-Cola, Diet-Pepsi – entfernt und verbringt mehr Zeit mit Fruchtsäften, Wasser und Sportgetränken.« Indra Nooyi musste rasch und entschlossen eingreifen. Sie genehmigte ein 500-Millionen-Dollar-Werbebudget für die klassischen, ungesunden Umsatzträger. Hätte sie anders gehandelt, wäre sie heute mit grösster Wahrscheinlichkeit nicht mehr CEO von PepsiCo.

Und die Moral der Geschichte? Melanie Warner fasst sie wie folgt zusammen: »Pepsi, Kraft, Kellogg's, ConAgra und General Mills werden nicht diejenigen sein, die unseren Speisezettel verbessern und unsere Gesundheitsprobleme lösen, und wir sollten aufhören, das von ihnen zu erwarten.«

Der moderne Lebensmitteldschungel

1906 veröffentlichte Upton Sinclair seinen Roman *The Jungle.* Darin beschreibt er die haarsträubenden Zustände in den Schlachthöfen von Chicago. Der Roman hatte unmittelbare Konsequenzen. Der damalige US-Präsident Theodore Roosevelt soll bei der Lektüre so vom Ekel geschüttelt worden sein, dass er umgehend die Gründung der Food and Drug Administration (FDA) angeordnet habe. Bis heute überwacht sie Verträglichkeit und Hygiene von Lebensmitteln und Pharmapro-

dukten. Der Erfolg der Lebensmittelbehörde ist jedoch
zweischneidig: Lebensmittelskandale lassen sich in einer globalisierten Nahrungsmittelindustrie nicht verhindern. Pferde-
fleisch in der Lasagne, Gammelfleisch auf der Fertigpizza oder
im Kebab, Escherichia-Coli-Bakterien im Hamburger – allen
Hygienevorschriften und chemischen Zusätzen zum Trotz gibt
es immer wieder solche Vorfälle. Die Fleischindustrie ist davon
ganz speziell betroffen, aber nicht nur sie. So versetzten im
Frühjahr 2012 Bockhornkleesamen die deutschen Bürger in
Angst und Schrecken, nachdem zunächst spanische Gurken
als Verursacher der Vergiftungen verdächtigt worden waren.

Lebensmittelskandale fliegen nur durch Zufall auf. Die Industrie gibt sich gegenüber der Öffentlichkeit sehr zugeknöpft.
Journalisten sind nur dann willkommen, wenn neue Produkte
lanciert werden. Zu Produktionsanlagen im Allgemeinen und
zu Schlachthäusern im Speziellen erhalten sie in der Regel keinen Zutritt. Oft wissen selbst die Hersteller nicht mehr, woher
ihre Produkte stammen. Michael Moss schildert den tragi-
schen Fall einer jungen Frau, die wegen eines mit Escherichia-
Coli-Bakterien verunreinigten Hamburgers gelähmt wurde.
»Der Hamburger war von Cargill hergestellt worden. Es han-
delte sich um eine Mischung aus verschiedensten Fleischquali-
täten von verschiedensten Teilen der Kuh. Das Fleisch stammte
aus unterschiedlichen Schlachthäusern, eines davon war in
Uruguay.«

Wie grotesk die Versorgungskette der Nahrungsmittelindustrie geworden ist, zeigt die *Financial Times* am Beispiel des
anglo-niederländischen Konzerns Unilever auf. Weltweit stellt
er rund 160 000 verschiedene Produkte her. Bis sie beim Kunden auf den Tisch kommen, haben sie täglich zweimal eine
Entfernung zum Mond inklusive Rückreise zurückgelegt.

»Die Vorstellung, dass man jeden Lieferanten und jede Zutat kontrollieren kann, ist lächerlich geworden«, kommentiert der ehemalige Nahrungsmittel-Topmanager Robert Lawson. Die Versorgungswege haben sich zudem in riesige, verschachtelte Tatzelwürmer verwandelt. Der Hauptlieferant beschäftigt einen Unterlieferanten, der wiederum seine Ware von einem weiteren Unterlieferanten bezieht. Das System ist so kompliziert, dass es kaum mehr kontrolliert werden kann. Es ist auch so konzipiert, dass der letzte Rappen aus den Menschen gepresst wird, vor allem aus denjenigen, die auf der untersten Stufe tätig sind. In der Schokoladenbranche etwa erhalten die Kakaobauern gerade mal 3,5 Prozent des Preises einer verkauften Tafel Schokolade. 1980 lag dieser Anteil noch bei 18 Prozent.

Der Held in Sinclairs Roman ist ein Immigrant aus Litauen, der direkt nach seiner Einreise als Metzgergehilfe arbeitet. Viel scheint sich bis heute nicht geändert zu haben. Dank Werkverträgen können in Deutschland nach dem Unterlieferanten-Tatzelwurm-Prinzip die zwischen den Sozialpartnern ausgehandelten Tarifverträge ausgehebelt werden. Das hat zur Folge, dass rumänische und bulgarische Hilfsarbeiter für drei Euro pro Stunde in Schlachthäusern schuften, jederzeit abrufbereit sein müssen, von brutalen Werksicherheitsleuten überwacht und schikaniert werden und in menschenunwürdigen Unterkünften hausen müssen, für die ihnen ein überrissener Mietzins abgepresst wird. Mit anderen Worten: Wer auf der untersten Stufe der Nahrungsmittelindustrie sein Brot verdienen muss, ist de facto zum Sklaven geworden.

In den USA verdient der durchschnittliche Angestellte in der Fastfood-Industrie weniger als 9 Dollar pro Stunde. Gemäss einer Studie der University of Illinois ist mehr als die

Hälfte der Angestellten auf staatliche Unterstützung angewiesen, was den Steuerzahler jährlich rund 7 Milliarden Dollar kostet;[3] davon 3,9 Milliarden Dollar für Medicaid und gut eine Milliarde für Nahrungsmittelmarken. Die US-Nahrungsmittelindustrie verdient also ihren Milliardengewinn damit, dass sie die eigenen Mitarbeiter hungern lässt. Zudem subventioniert dieses Lohndumping ausgerechnet die ungesündesten Lebensmittel wie Hamburger, Coke und Fritten.

Das Rohe und das Gekochte

Die moderne Nahrungsmittelindustrie beschäftigt aber auch Heerscharen von Wissenschaftlern; allein in der Forschungsabteilung von Nestlé sind rund 700 Mitarbeiter tätig. »Was hat uns die moderne Nahrungswissenschaft gebracht?«, fragt Michael Pollan in seinem Buch *Cooked*. Der wohl einflussreichste Food-Journalist der Gegenwart gibt die Antwort darauf gleich selbst. »Tiefgefrorenes Essen. Appetithäppchen, die in der Mikrowelle aufgewärmt werden können. Pseudo-Fleisch aus Sojabohnen. Baby-Nahrung. Radioaktiv bestrahltes Essen. Farbige Frühstücksflocken, die mit künstlichen Vitaminen angereichert sind. Energieriegel. Künstliche Süssstoffe. Margarine. Maismolasse. Halbfett- oder Kein-Fett-Käse. Die unzähligen Kopien von richtigem Essen füllen die Regale in den Supermärkten. Wer diese Innovationen mit wirklichen Errungenschaften wie Wein oder Bier, wie Käse, Schokolade, Sojasauce, Kaffee, Joghurt, Oliven, Essig, eingelegtem Gemüse,

---

3 http://www.npr.org/blogs/thesalt/2013/10/16/235398536/why-u-s-taxpayers-pay-7-billion-a-year-to-help-fast-food-workers (Stand: 31.12.2013).

gut gelagertem Fleisch vergleicht, dem drängt sich die Schluss-folgerung auf: Wir versuchen es seit Tausenden von Jahren. Doch noch immer haben wir keine Technik entdeckt, die die Nahrung auch nur annähernd so wirksam, sicher und nahrhaft verwandelt wie die Fermentation.«[4]

Convenience-Food gehorcht der industriellen Logik und treibt die Arbeitsteilung der modernen Gesellschaft auf die Spitze. Dass Kochen und Essen nicht nur Tätigkeiten zum Unterhalt des menschlichen Körpers sind, wird dabei überse-hen. Ethnologen wissen längst, welche zentrale Rolle Essen und Kochen in der Kultur einer menschlichen Gesellschaft einnehmen. Claude Lévi-Strauss, einer der bedeutendsten Ethnologen des 20. Jahrhunderts, hat in seinem Werk *Das Rohe und das Gekochte* ausführlich dargelegt, wie beim Kochen Natur in Kultur verwandelt wird und den Menschen dabei eine kulturelle Identität vermittelt.[5] Kochen erfüllt dabei eine doppelte Funktion. Es ist Ausdruck der Kultur und Vorausset-zung dafür, dass menschliche Kultur entstehen kann. Nur weil Menschen die Kunst des Kochens beherrschen, haben sie überhaupt Zeit dafür, Kultur zu schaffen. Mit anderen Wor-ten: Ein grosses Gehirn macht einen kleinen Magen möglich. Gekochte Nahrung erspart dem Menschen täglich rund vier Stunden Essens- und Verdauungszeit.

Fleisch über dem Feuer zu braten, ist, seit es Menschen gibt, verbunden mit Religion und Gemeinschaft. Daher ist Grillieren bis heute eine Tätigkeit, die meist von Männern ausgeführt wird. Wer grilliert, ist zudem selten allein. Freunde

---

4 Michael Pollan, *Cooked: A Natural History of Transformation,* Penguin, 2013.

5 Claude Lévi-Strauss, *Mythologica. Das Rohe und das Gekochte,* Suhrkamp, 1976.

und Verwandte werden eingeladen, selbst Feindschaften temporär aufgehoben. Michael Pollan beschreibt, dass beim traditionellen Herbst-Barbecue im Süden der USA einst sogar Sklaven und Sklavenhalter für einen kurzen Moment vereinigt waren. Das offene Feuer ist der Gegenpol der modernen Küche. »Der Mikrowellen-Ofen, der exakt am anderen Ende des Spektrums vom kulinarischen Pol des offenen Feuers steht, verströmt eine rauchlose, unsinnlich kalte Hitze. Er ist so asozial, wie das Feuer gemeinschaftsstiftend ist. Wer würde sich je um einen Panasonic-Herd versammeln? Was für Träume weckt sein mechanisches Surren? Was gibt es durch das doppelte, gegen Strahlen gesicherte Glas zu besichtigen ausser das langsame Rotieren einer Ein-Portionen-Packung für den einsamen Esser?«[6]

Wir sind, was wir essen. Die globalisierte Nahrungsmittelindustrie verwandelt Bauern und Hilfskräfte in Sklaven. Sie produziert mit Hilfe von Salz, Zucker und Fett Essen, das wir nur noch aufwärmen müssen, das wir rund um die Uhr und immer öfter alleine verzehren und das uns dick und krank macht. Kein Wunder, wird fast die Hälfte davon weggeworfen. Kochen war jahrhundertelang vor allem für Frauen harte, undankbare Arbeit. In der mit Convenience-Food ernährten Gesellschaft bekommt es eine ganz andere, unerwartete Bedeutung. Michael Pollan beschreibt sie so: »Sein eigenes Essen zu fermentieren (Bier oder Käse beispielsweise) bedeutet auch einen kleinen, aber beredten Protest gegen die Gleichschaltung des Geschmacks und des Esserlebnisses, das sich wie ein riesiger, gleichförmiger Rasen über den gesamten Erdball ausbreitet. Es ist auch eine Unabhängigkeitserklärung an eine

---

6 Pollan, 2013.

Wirtschaftsordnung, die uns am liebsten als passive Konsumenten von standardisierten Produkten sieht und die es nicht mag, wenn wir unsere eigenen Produkte herstellen, die unsere Vorlieben und diejenige unserer Umgebung ausdrücken. Mein selbstgebrautes Bier, mein selbstgebackenes Sauerteigbrot oder mein selbstfermentierter Kimchi schmeckt wie sonst nichts anderes auf der Welt.«[7]

Ja, man kann sich auch ohne das angeblich so gesunde Convenience-Food der Nahrungsmittelmultis ernähren. Meist finden wir die billigeren, gesünderen und lokaleren Alternativen gleich im selben Regal. Nehmen wir »Nesquik Knusperfrühstück, mit dem tollen Geschmack von weisser Schokolade mit Vollkorn«. Laut Inhaltsangabe besteht es zu 59 Prozent aus diversen Vollkorngetreiden. Der Rest ist wie üblich – Zucker, Maisstärkesirup, Malzextrakte, Glukose, gehärtete und ungehärtete Pflanzenfette. Das sind die billigen Kalorienträger, von denen es vor allem deshalb viel braucht, damit die Marge stimmt. Dann kommen die Aromen, Säureregulatoren, Kochsalz und Emulgatoren, die es braucht, damit das Zeug überhaupt schmeckt und nicht schon im Regal vergammelt. Schliesslich kommen noch die für die Werbung wichtigen Mineralsalze Eisen und Calcium sowie Schokoladepulver, das allerdings auch schon wieder zu mehr als 50 Prozent aus Zucker besteht.

Wer seine Kinder weniger ungesund ernähren will, hat – ebenfalls bei der Migros – eine billige, lokale Alternative: Bio-Haferflocken, 500 Gramm für 1.20 Franken. Bei der Inhaltsangabe steht ein einziges Wort: Haferflocken. Einverstanden: Es fehlt das gesunde Kakaopulver des »Knusperfrühstücks«.

---

7 Pollan, 2013.

Doch das kann man sich selbst dazukaufen oder -mischen. Pro Paket Haferflocken braucht es etwa 25 Gramm für 35 Rappen. Dann hat man in etwa dieselben gesunden Bestandteile wie im Nesquik und verzichtet auf die ungesunden. Das Ganze kostet erst noch etwa ein Viertel des Preises pro Kalorie.

Die hohen Kosten des Knusperfrühstücks kommen nicht von ungefähr: Die gut zwei Dutzend Einzelbestandteile plus Verpackung müssen aus der ganzen Welt zusammengekarrt werden, das ist schon mal ziemlich teuer. Doch wenn das fertige Produkt die Fabrikhallen von Nestlé verlässt, ist erst etwa die Hälfte aller Kosten angefallen. Dann kommen laut dem Halbjahresbericht 2013 noch einmal gut 15 Prozent für den Vertrieb, 40 Prozent für das Marketing und fast 30 Prozent Gewinnanteil für die Nestlé-Aktionäre dazu. Diese Relationen sind genauso typisch für die Nahrungsmittelindustrie wie die zwar leicht, aber ständig steigende Gewinnquote.

All diese Kosten kann sich eine lokale Nahrungsmittelproduktion ganz oder weitgehend sparen. Sie ist deshalb – wie wir später sehen werden – nicht nur in der Lage, bessere Nahrungsmittel billiger herzustellen und zu verkaufen. Sie zahlt darüber hinaus auch über alle Stationen der Herstellung – vom Bauer bis zum Verkäufer – anständige Löhne. Die Multis können da nicht mithalten. Aber noch beherrschen sie die Verteilkanäle, noch bestimmen sie, was wir essen und womit wir uns vergiften.

KAPITEL 3

Globalisierung – vom Versprechen zur Drohung

Der abnehmende Reiz der Globalisierung zeigt sich in der sinkenden Qualität der Argumente, mit denen ihre Gegner mundtot gemacht werden sollen. Neuerdings soll sie vor allem deshalb vorangetrieben werden, weil uns sonst ein Rückfall oder ein Abgleiten in den Protektionismus drohen. Mit anderen Worten: Wir sollen ein Übel hinnehmen, weil damit ein noch grösseres verhindert wird. Dass der Protektionismus schreckliche Folgen hätte, muss offenbar gar nicht erst belegt werden. Der Name allein sagt alles.

Ein anderes typisches Argumentationsmuster verwendet die Schweizer Regierung, um Werbung für ihren Freihandelsvertrag mit China zu machen. Mit diesem Abkommen eröffne sich der Exportwirtschaft ein Markt von mehr als einer Milliarde Menschen. Und da die Schweiz mit ihrem Freihandelsvertrag der EU zuvorgekommen sei, müssten Produzenten aus der EU nun ernsthaft daran denken, ihre Produktion in die Schweiz zu verlagern. Diese Argumentation geht offenbar davon aus, dass der Zweck einer Volkswirtschaft darin besteht, möglichst viel zu exportieren. Bezeichnenderweise werden denn auch die Importe aus China entweder nicht erwähnt, oder – im Falle der Agrarimporte – als Gefahr betrachtet, die jedoch durch die Aussicht auf mehr Exporte überkompensiert werde.

Diese Widersprüche kommen nicht von ungefähr, denn die intellektuelle Begründung für den Freihandel war von Anfang an ein Desaster. Ein Beleg dafür, dass sich die Ökonomie gern in den Dienst der Mächtigen stellt und dabei auch vor mangelnder Logik nicht zurückschreckt. Erinnern wir uns: Adam Smith gilt als Vater der modernen Ökonomie. Seine berühmte Nadelfabrik steht heute noch in jedem Lehrbuch. Dank einer für damalige Verhältnisse extremen Spezialisierung überschwemmte Englands Exportindustrie die Weltmärkte. Doch mit seiner Theorie von hohen Skalenerträgen und Effizienzsteigerungen durch Spezialisierung gab Smith Englands Handelspartner ein Argument in die Hand: Sie machten ihre Zollgrenzen so lange dicht, bis sie ihrerseits eine effiziente Exportindustrie aufbauen konnten.

Englands Exportindustrie brauchte also eine andere Theorie, eine, mit der sie den Protektionismus intellektuell bekämpfen konnte. Smith lieferte sie. Unterstützt von David Ricardo entwickelte er die Theorie vom Allgemeinen Gleichgewicht. Danach macht der von keinen Zöllen und Staatseingriffen behinderte freie Handel alle Beteiligten wohlhabender. Allerdings steckt in diesem Theoriegebäude eine ganze Reihe unplausibler Annahmen. Eine ist besonders wichtig: Die Stückkosten sinken mit steigender Produktionsmenge nicht. Die Skalenerträge sind konstant. Jeder Nadelhandwerker produziert genauso billig wie Smiths hocheffiziente Nadelfabrik. Dass Smith mit diesem intellektuellen Rückwärtssalto durchkam, lässt sich damit erklären, dass man damals noch vorwiegend Agrarwirtschaft betrieb. Für die damalige Gesellschaft war die Annahme konstanter Stückkosten nicht ganz unrealistisch. Nadelfabriken waren damals noch die Ausnahme, und die Softwareindustrie mit ihren extrem sinkenden Stückkosten gab es noch nicht. Inzwischen schlägt das Pendel zurück. Solarstrom auf dem eigenen Dach ist kaum teurer als von der zentralen Solarfarm in der Wüste, dank 3-D-Printing kann ich bald jedes Teil billig selbst herstellen, Urban Farming macht den Grossverteiler überflüssig. Kurz: Die Skalenerträge werden wieder konstant.

Bekommen also Smith und Ricardo nachträglich doch recht? Nein, denn die konstanten Skalenerträge waren von Anfang an kein Argument für den Freihandel, vielmehr für die Selbstversorgung.[8] Wenn einer alles selbst genauso preisgünstig herstellen kann wie jeder andere, braucht es keinen Tausch und streng genommen nicht einmal eine Geldwirtschaft. Doch so klar haben Smith und Ricardo die Konsequenzen ihrer Theorie nie bedacht. Sie lieferten der Exportindustrie ein Argument gegen den Protektionismus; dass sie damit auch gleich den Freihandel intellektuell versenkten, fiel ihnen nicht auf.

An diesen intellektuellen Widersprüchen scheitern auch die späteren Verfechter des Freihandels, wie etwa der italienische Ökonom und EU-Generalsekretär Paolo Cecchini. 1988 verfasste er den damals berühmten Cecchini-Report über den Nutzen des für 1992 geplanten europäischen Binnenmarkts. Gemäss dem Bericht sollte der Binnenmarkt innerhalb von fünf Jahren 3,2 bis 5,7 Prozent mehr Wachstum und 1,3 bis 2,3 Millionen neue Jobs schaffen. Gleichzeitig sollten die Staatsbudgets um 1,5 bis 3 Prozentpunkte des Bruttoinlandprodukts entlastet werden und die Preise um 4,5 bis 7,7 Prozent fallen. Der Report begründete auch, warum dies so kommen sollte: durch die »Intensivierung des Wettbewerbs« und die »Nutzung von Skalenerträgen«.

---

8 Alam, M. Shahid, »Constant returns to scale: can the market economy exist?«, real-world economics review, no. 64, 2013.

Cecchini ging davon aus, dass die Globalisierung so funktioniert: Je mehr Länder miteinander in einen weder von Zöllen noch von Handelshemmnissen gestörten Austausch treten, desto schneller müssen Firmen neue Technologien einsetzen. Wer zu spät kommt, den bestraft der Markt mit höheren Kosten, sinkenden Gewinnmargen und der Pleite. Und der technologisch führende Anbieter kann seine Produkte in umso grösseren Mengen herstellen, je mehr Konkurrenten er aus dem Markt drängt. Zusammen ergibt das die doppelte Dividende der Globalisierung – preisgünstigere Produkte dank besserer Technologie und Skalenerträgen.

Wie wir heute wissen, hat sich diese Prophezeiung bei Weitem nicht erfüllt. Statt sich zu beschleunigen hat sich das Wirtschaftswachstum nach jedem neuen Integrationsschritt weiter verlangsamt. In den inzwischen 20 Jahren seit Entstehung des Binnenmarkts ist das Bruttoinlandprodukt der 28 Eurostaaten gerade mal um gut 20 Prozent gestiegen. In den 20 Jahren davor hatte das Wachstum gut 50 Prozent betragen. Für Smith, Ricardo und für alle klassischen Ökonomen sollte dieser Misserfolg keine Überraschung sein. Die von der Theorie des Allgemeinen Gleichgewichts versprochene Wohlstandssteigerung durch Abbau von Zöllen tritt nämlich nur ein, wenn die Skalenerträge konstant sind. Sonst ist alles möglich. Auch, dass die Früchte des freien Handels sehr ungleich verteilt werden.

Doch bleiben wir noch einen Moment bei Cecchini. Zumindest seine erste These hat etwas für sich. Danach verschärft der grenzüberschreitende Austausch die Konkurrenz. Richtig daran ist, dass eine scharfe Preiskonkurrenz die Unternehmen zwingt, die jeweils beste Produktionstechnologie anzuwenden. Das gilt jedoch auch bei geschlossenen Grenzen. Angenommen in den Ländern A und B existieren je zehn

Autohersteller. Der Importzoll beträgt 20 Prozent. Nun wendet ein Hersteller im Land B eine neue Technik an, mit der er die Kosten um 10 Prozent senken kann. Das macht ihn zwar im Land A noch nicht konkurrenzfähig; aber dort riskiert jeder Produzent, aus dem Markt verdrängt zu werden, wenn einer seiner inländischen Konkurrenten die neue Produktionsmethode kopiert. Folglich wird die Innovation auch dann von B nach A überspringen, wenn der Güterverkehr zwischen den beiden Ländern nicht ganz frei ist. Entscheidend ist also nicht der Abbau von Zollschranken, sondern, ob ein Wettbewerb besteht oder nicht.

Nun kann es zwar sein, dass es in jedem Land statt zehn nur drei Anbieter gibt, die ihre Preise gegenseitig absprechen, also eine Art Oligopol bilden. Wird die Grenze geöffnet, gibt es plötzlich sechs Anbieter, was eine Preisabsprache erschwert. Unter Industrieökonomen gilt die Faustregel, dass es für einen funktionierenden Wettbewerb mindestens sechs Anbieter braucht. »Four are a few and six are many«, hat Louis Phlips in seiner Schrift konstatiert.[9] In diesem Fall würde ein Wegfallen der Handelsschranken den Wettbewerb tatsächlich fördern und die Verbreitung von Innovation beschleunigen.

Das bringt uns zu Cecchinis zweiter These: Globalisierung schafft Skalenerträge. Je grösser der Markt, desto grösser die Einheiten, in denen man produzieren kann; dies senkt wiederum die Kosten. Nehmen wir wieder unser Beispiel: zwei Länder, je fünf Automobilhersteller, alle in etwa gleich gross. Nun werden die Grenzen geöffnet. Nach Cecchini eröffnet dies allen zehn Konkurrenten die Möglichkeit, ihre Produktion zu-

---

9 Louis Phlips, *Competition Theory – a game-theoretic perspective,* Cambridge University Press, 1995.

44

lasten der Konkurrenz zu vergrössern und dadurch die Kosten zu senken. Doch wenn mit steigender Menge die Produktionskosten sinken, werden zwangsläufig die übrigen Konkurrenten aus dem Markt gedrängt. Erst nur einer, dann noch einer, und plötzlich haben wir ein Oligo- oder gar ein Monopol.

Damit stehen wir vor zwei Problemen: Erstens sind marktbeherrschende Unternehmen nicht mehr gezwungen, immer die neueste und beste Produktionstechnologie anzuwenden. Notfalls können sie innovative Konkurrenten auch durch Dumpingpreise aus dem Markt drängen, indem sie Zulieferer zu Preiskonzessionen zwingen oder Werbekampagnen lancieren, die sich der kleine Konkurrent niemals leisten könnte. Zweitens: Selbst wenn Monopolisten die neuesten Technologien anwenden, werden sie die Kostenvorteile nicht an die Kunden oder an die Mitarbeiter weitergeben. Monopolgewinne zu erzielen, ist ja der eigentliche Zweck des Bestrebens, die Konkurrenz auszuschalten. Die Wirtschaft läuft dann im Ausbeutungs- statt im Effizienzmodus.

Nun kann man einwenden, dass mit einer rigorosen Wettbewerbs- und Antikartellpolitik auch in einem grossen Wirtschaftsraum für genügend Konkurrenz gesorgt werden kann. Die Erfahrung und die Theorie lehrt das Gegenteil. Angenommen Sie sind Chef der Kartellbehörde im Land A mit fünf Automobilherstellern, die zusammen 100 000 Angestellte haben. Im Land B sind von den ehedem fünf Produzenten nur noch drei übrig geblieben. Nun wollen die zwei grössten Anbieter im Land A fusionieren. Würden Sie diese Fusion verbieten? Wohl kaum, denn damit würden Sie die Zukunft der eigenen Automobilindustrie aufs Spiel setzen.

Und wie sieht es aus, wenn sich die beiden Länder – oder die 28 Länder der EU – nicht nur auf eine Öffnung der Grenzen einigen, sondern auch auf eine gemeinsame Wettbewerbspolitik? Besteht dann nicht die Möglichkeit, die Vorteile harter Preiskonkurrenz und von Skalenerträgen zu kombinieren, indem man die Zahl der Anbieter nicht unter fünf sinken lässt? Theoretisch wäre das möglich, doch würde man damit nicht die europäischen Industrien gegenüber der Konkurrenz aus USA, Japan und China benachteiligen?

Genau dies ist das Argument der Arbeitsgruppe Beffa-Cromme, die im Frühjahr 2013 im Auftrag des französischen Präsidenten François Hollande und der deutschen Kanzlerin Angela Merkel einen Bericht zur »Wettbewerbsfähigkeit Europas« verfasst hat. Eine der Empfehlungen betrifft die Wettbewerbspolitik. Die EU-Kommission, heisst es da, solle bei der Genehmigung von Fusionen weniger zögerlich sein und die Bedeutung der globalen Konkurrenz höher gewichten. Dieser Ratschlag kommt nicht zufällig von den Vertretern zweier Grossunternehmen, deren Marktmacht auf Fusionen und auf der Ausschaltung der Konkurrenz beruht: Jean-Louis Beffa ist Ex-Chef des französischen Baustoffmultis Saint-Gobain, und bei Gerhard Cromme handelt es sich um den Aufsichtsratsvorsitzenden von Siemens.

Ausbeutung oder Solidarität? Auf die Institutionen kommt es an

Schade. Die Theorie vom Wachstum durch ungehinderten Handel hatte immerhin den Vorteil der einfachen Anwendung. Man brauchte bloss die Grenzen zu öffnen, Arbeitsmärkte zu flexibilisieren, Staatsausgaben zu kürzen. Doch leider taugt die Theorie nicht, auf der diese Praxis beruht. Wir brauchen also intelligentere Modelle, wenn wir sinnvoll darüber nachdenken wollen, was Nationen arm macht und was sie aufblühen lässt. Diese Frage stellen sich etwa die beiden Ökonomen Daron Acemoglu und James A. Robinson.[10] Ihre Antwort darauf ist ein einziges Wort: Institutionen. Der Wohlstand einer Gesellschaft hänge davon ab, ob es ihr gelinge, »inklusive« statt »extraktive« Institutionen zu schaffen. »Extraktive Institutionen«, so die Autoren, »schaffen ungleiche Bedingungen und Erträge sowie Vorteile, die nur einem eng begrenzten Kreis zugute kommen, der über politische Macht und Verbindungen verfügt. Mit inklusiven Institutionen werden gleiche Bedingungen geschaffen und Anreize sowie Chancen für die grosse Masse der Menschen geboten.«[11]

Acemoglu und Robinson sind natürlich nicht die ersten, die die Ursachen des Wohlstands aus historischer Perspektive beleuchten. Viele ihrer Vorgänger sind zu ähnlichen Schlussfolgerungen gelangt. Der US-Wirtschaftshistoriker John P. Powelson etwa hat sich die Frage gestellt, welche gemeinsame Umstände dazu führen, dass in unterschiedlichen Kulturen eine Marktwirtschaft entstehen konnte. Seine Antwort in Kürze: Überall dort, wo sich zwei grosse Machtblöcke – etwa Kirche und Staat oder zwei Herrschaftshäuser – in einer Pattsituation gegenüberstehen, bietet sich für kleinere, aufstrebende Interessengruppen – etwa Zünfte, Bauernverbände oder religiöse Splittergruppen – die Möglichkeit, Freiräume zu nutzen; indem sie den einen Machtblock gegen den anderen ausspielen und sich als Partner anbieten. So entsteht ein multipolares Machtgefüge, das nur durch für alle verbindliche Regeln

---

10 Daron Acemoglu, James A. Robinson, *Why Nations Fail: The Origins of Power, Prosperity and Poverty,* Crown Business, 2012.
11 Ebenda.

im Gleichgewicht gehalten werden kann. Powelson spricht von »Diffusion der Macht«. Acemoglu und Robinson würden das als »inklusive Institutionen« bezeichnen.

Der französische Wirtschaftshistoriker Fernand Braudel drückte dasselbe mit dem Begriff der »économie de proximité« aus. Er teilte das »Haus der Wirtschaft« in drei Etagen ein: Das Parterre der Subsistenzwirtschaft ist für Braudel gekennzeichnet durch Enge, Undurchsichtigkeit und Willkür. Im Parterre der Wirtschaft bestehen keine Regeln. Dort, wo es sie doch gibt, etwa im Feudalismus, kann sich nur der Stärkere darauf berufen. Das Parterre, so hat Braudel beobachtet, ist aber auch der Ort, an dem in der Familie oder in der Nachbarschaft Solidarität entsteht. Diese wiederholten Erfahrungen führen schliesslich dazu, dass sich im Parterre Regeln herausbilden, auf denen der erste Stock aufgebaut werden kann, die »économie de proximité«. Diese Etage zeichnet sich durch klare Regeln und Kontrolle aus, die jedermann erlauben mitzuspielen. Keiner ist stark genug, um den anderen Bedingungen zu diktieren oder zu kontrollieren. In einer solchen Umgebung kann nur überleben, wer sich einen Ruf von Vertrauenswürdigkeit aufbaut. Das mag anfänglich bloss Fassade sein, doch mit der Zeit entsteht daraus zwangsläufig eine Kultur der bürgerlichen Tugenden. Schliesslich gibt es noch den zweiten Stock, den Braudel »économie monde« nennt und manchmal auch »Kapitalismus«. Dieser Teil der Wirtschaft ist in den Augen Braudels das Spielfeld einiger weniger Grosser und Mächtiger, die sich an keine Regeln halten müssen oder diese selbst aufstellen. Die Herren des zweiten Stocks haben zwar unter sich einen Ehrenkodex. Man darf seine Topmanager entlassen – doch nur mit einem goldenen Fallschirm von mehreren Millionen. Man könnte sich ja unter veränderter Machtkonstellation erneut treffen. Nach unten herrscht hingegen keine Loyalitätsplicht, weil keine gegenseitige Abhängigkeit existiert und weil man sich kaum je begegnet. Wo die Nähe fehlt, besteht auch wenig soziale Beisshemmung.

Der in Frankreich lehrende britische Ökonom Paul Seabright schlägt einen noch grösseren Bogen, bis zehntausend Jahre zurück in die Stammesgesellschaften.[12] Sein Buch beginnt mit dem Erstaunen über die extrem arbeitsteilige Welt von heute. »Während Sie diese Zeilen lesen«, schreibt er, »arbeiten viele Leute, die Sie nie gesehen haben, hart für Sie. Ein indischer Bauer pflügt den Acker, auf dem die Baumwolle für Ihr Hemd wachsen wird. Ein brasilianischer Taglöhner erntet den Kaffee, den Sie übermorgen trinken werden.« Seabrights zentrale Frage: Wie ist es der Menschheit gelungen, das ihr natürliche Misstrauen gegenüber Fremdem (inconnu) zu überwinden und sich in eine solche Abhängigkeit zu begeben? Welche Institutionen und Kontrollmechanismen sind nötig, um dieses prekäre Gleichgewicht aufrechtzuerhalten? Oder anders gefragt: Was muss geschehen, damit die Globalisierung nicht in Chaos ausartet? – Seabright zufolge hängt dies von der Antwort auf folgende drei Fragen ab: Erstens: Können die Staaten ihre Gestaltungsfreiheit und ihr Gewaltmonopol innerhalb ihrer Grenzen bewahren? Zweitens: Gelingt es ihnen, die von der arbeitsteiligen Wirtschaft verlangte Flexibilität mit dem Vertrauen der Staatsbürger in den Staat, das in einem jahrhundertelangen, mühsamen Lernprozess aufgebaut worden ist, zu vereinbaren? Drittens: Gelingt es, zwischen den Staaten eine Vertrau-

---

12 Paul Seabright, *Société des Inconnus, histoire naturelle de la collectivité humaine,* Markus Haller, 2011.

ensbasis aufzubauen, die jener zwischen Staatsbürgern und Staat entspricht?

Genau diese Fragen stellen wir auch in diesem Buch. Im Unterschied zu Seabright gehen wir aber nicht davon aus, dass die moderne Wirtschaft noch mehr Flexibilität und Arbeitsteilung benötigt. Neue Technologien und steigende Transportkosten machen im Gegenteil eine regionalere Wirtschaftsweise möglich, die deutlich effizienter ist als die globalisierte. Wenn dieser Paradigmenwechsel gelingt, kann auch das Primat der Politik und der Demokratie gegenüber der Wirtschaft wiederhergestellt werden. Oder anders formuliert: Die Tatsache, dass uns – wie etwa in den Südstaaten der Eurozone ersichtlich – die politisch-demokratische Gestaltungskraft bereits weitgehend abhanden gekommen ist, macht den Wandel zu einer regionaleren Ökonomie umso dringlicher.

Was die Schmalspur-Ökonomen bei OECD, IWF oder EZB von echten Gelehrten wie Acemoglu, Robinson, Powelson, Braudel oder Seabright heute schon lernen können, ist dies: In der Ökonomie geht es immer auch um die Frage, wie das Wirtschaftssystem die Gesellschaft organisiert und wie sich das Individuum in dieser Gesellschaft entfalten kann. Wie viel rein materieller Wohlstand – etwa gemessen am Bruttoinlandprodukt – mit der einen oder anderen Organisationsform erzielt würde, ist dabei ein vergleichsweise unwichtiger Nebenaspekt. Alle genannten Autoren kommen – wenn auch mit verschiedenen Schlüsselbegriffen – zur Erkenntnis, dass eine funktionierende Gesellschaft ein ungefähres Gleichgewicht der Kräfte braucht. Aus rein ökonomischer Sicht ist dieses Kräftegleichgewicht vor allem deshalb wichtig, weil sich nur in einem solchen Umfeld Leistung lohnt. Unter ungleichen Machtverhältnissen ist es für die herrschende Klasse sehr viel leichter, via Ausbeutung oder den Aufbau extraktiver Institutionen reich zu werden statt durch Innovation und Anstrengung. Nur inklusive Institutionen belohnen Fleiss und Innovationskraft. Acemoglu und Robinson erklären das am Beispiel von Nord- und Südkorea oder von Texas und Mexiko.

In diesem letzten Punkt besteht übrigens kein Widerspruch seitens der klassischen Schmalspurökonomen. Im Gegenteil. Ihr Modell der vollkommenen Marktwirtschaft setzt voraus, dass keiner der Marktteilnehmer – weder Konsument noch Arbeitnehmer noch Unternehmer – über irgendwelche Marktmacht verfügt. Es geht also nicht nur um ein Gleichgewicht von Macht, sondern um deren totale Abwesenheit. Im Fachjargon spricht man deshalb von der »atomistischen Konkurrenz«, die folgendermassen zu verstehen ist: »Die atomistische Konkurrenz ist eine Marktform, bei der einer grossen Zahl von Anbietern eines Produktes eine grosse Zahl von Nachfragern gegenübersteht. Der Marktanteil jedes einzelnen Anbieters oder Nachfragers ist dabei so gering, dass er durch eine Veränderung seiner angebotenen oder nachgefragten Menge keinen Einfluss auf die Preishöhe des entsprechenden Produktes nehmen kann.«[13]

Der Rest ist Pragmatismus versus Ideologie. Braudel, Powelson und Co. sind der Meinung, dass der Zustand des Kräftegleichgewichts durch geeignete Institutionen immer wieder neu errungen werden muss. Demgegenüber glauben die Marktdogmatiker, dass Angebot und Nachfrage jede Machtballung im Keim ersticken und so die Wirtschaft von selbst im Gleichgewicht halten. Sofern sie dabei die Gesellschaft

---

13 http://www.wirtschaftslexikon24.com/d/marktformen/marktformen.htm (Stand: 31.12.2013).

nicht ganz ausblenden, schwebt ihnen ein völlig apolitisches Gesellschaftsmodell vor, in der jeder und jede mit dem Portemonnaie abstimmt oder seine Wünsche anmeldet. Friedrich August von Hayek, einer der bekanntesten Vordenker der neoklassischen Ökonomie, spricht in diesem Zusammenhang vom »Wettbewerb als Entdeckungsverfahren«, dessen »wohltätige Wirkung« sich darin zeige, dass seine Ergebnisse »unvorhersehbar« seien und von »niemandem bewusst hätten herbeigeführt werden können«.[14] Im Klartext heisst das: Die Politik soll die Finger von den Märkten lassen und stattdessen den Autopiloten des Wettbewerbs einschalten, der viel intelligentere Lösungen hervorbringt, als dies im demokratischen Entscheidungsprozess je gelingen könnte. Doch selbst wenn Hayek recht hätte und sein »Entdeckungsverfahren« tatsächlich intelligentere Lösungen hervorbrächte; diese Entscheidungen hätten dennoch den schwerwiegenden Nachteil, dass sie nicht akzeptabel sind. Aus der Lebenserfahrung und neuerdings auch aus der experimentellen Psychologie ist bekannt, dass der Mensch negative Entscheide relativ gut akzeptieren kann, wenn das Verfahren, das zu diesem Entscheid geführt hat, transparent war und als fair empfunden wurde. Das gilt ganz besonders für Entscheide, an denen er demokratisch mitgewirkt hat. Auch der Markt funktioniert nur, wenn er gesellschaftlich eingebettet und dem Primat der Politik untergeordnet ist. Die Menschen sind nicht bereit, sich blind einem anonymen Entscheidungsmechanismus zu unterwerfen. Auch dann nicht, wenn uns irgendwelche Experten versichern, dass sich langfristig alles zum Guten wende.

---

14 Friedrich August von Hayek, *Rechtsordnung und Handelsordnung. Aufsätze zur Ordnungsökonomik,* Mohr Siebeck, 2003.

Antikartellpolitik – das Ende einer sozialen Institution

Die Gesellschaft und die Marktwirtschaft brauchen Institutionen und einvernehmlich vereinbarte Spielregeln. Wir können uns zwar davon überzeugen lassen, dass der freie Preiswettbewerb den Wohlstand steigere, aber wir müssen mit einer geeigneten Wettbewerbspolitik dafür sorgen, dass die Produzenten tatsächlich mit tiefen Preisen um die Kundschaft buhlen. Eine rigorose Antikartellpolitik war einst ein Grundpfeiler der Marktwirtschaft.

In seinem sehr lesenswerten Buch beschreibt Barry C. Lynn, wie die US-Kartellgesetze in der Ära Ronald Reagans von den Vertretern der Chicagoer Schule um Milton Friedman ausgehöhlt wurden.[15] Ihre Anhänger argumentierten ganz im Sinne von Paolo Cecchini, dass Zusammenschlüsse zu Skalenerträgen führten, von denen auch die Konsumenten in Form von billigen Preisen profitierten. Die Kartellpolitik dürfe effizientes Wirtschaften nicht verhindern. Dieses Argument stand im Widerspruch zur geltenden Kartell-Gesetzgebung basierend auf dem Sherman Antitrust Act von 1890. Das Gesetz verbot Monopole sowie horizontale und vertikale Absprachen und sah die Möglichkeit vor, Konzerne zwangsweise zu entflechten.

Anfänglich, so Lynn, wurde der neoliberale Angriff auf dieses Gesetz nicht nur von demokratischen, sondern auch von republikanischen Abgeordneten abgelehnt. Sie argumentierten, die Kartellgesetze seien nicht dazu da, Kosten zu senken und tiefere Preise zu ermöglichen, sondern vielmehr dazu, die

---

15 Barry C. Lynn, Cornered: *The New Monopoly Capitalism and the Economics of Destruction,* John Wiley and Sons, 2011.

mittelständischen Unternehmen zu schützen und auch politisch gefährliche Machtkonzentrationen zu verhindern. Die Kongressmitglieder konnten sich nicht zuletzt auf den von 1916 bis 1939 amtierenden Vorsitzenden des Obersten Gerichtshofs, Louis Brandeis, stützen, für den die Antikartellgesetze das »wichtigste Bollwerk der Freiheit« waren. Die Antikartellgesetzgebung der USA, angefangen beim Sherman Antitrust Act von 1890, war also eine ausgesprochen inklusive Institution, auch wenn dieser Begriff damals noch nicht bekannt war. Sie sorgte dafür, dass die Grossunternehmen ihre Macht gegenüber den kleineren Konkurrenten nicht missbrauchen konnten. Im Jargon und in der Theorie der klassischen Ökonomen sorgte der Sherman Antitrust Act für eine »atomistische« Konkurrenz mit vielen kleinen Unternehmen, von denen keines auch nur ein Quäntchen Macht ausüben konnte. In der Tat herrschte damals ein ungefähres Gleichgewicht der Kräfte. Dieses verdankte man aber faktisch nicht dem Sherman Antitrust Act (der 1952 erstmals angewandt wurde), sondern dem Fordismus.

Darunter versteht man die bis in die 1980er Jahre vorherrschende Wirtschaftsordnung. Darin gaben Vertreter der Regierung, der Grossunternehmen (wie Ford) und der Gewerkschaften den Ton an und setzten die wichtigsten Regeln so, dass alle auf ihre Rechnung kamen und die kleineren Unternehmen von den grossen nicht erdrückt wurden. Die Antikartellgesetzgebung war Teil des fordistischen »Waffenstillstands« und musste genau deshalb nur sparsam eingesetzt werden. Dieses Regime hatte in rund 30 »goldenen Jahren« nach dem Weltkrieg ziemlich gut funktioniert.

Einer der wichtigsten Vertreter des Fordismus in den USA war der Ökonomieprofessor John K. Galbraith. Er gehörte zu den Kräften innerhalb der demokratischen Partei, die die Aufweichung der Antikartellgesetze unterstützten. Aus Galbraiths fordistischer Sicht konnte es nicht falsch sein, dass grosse Unternehmen die kleineren kontrollierten. Der Konsumentenschützer und demokratische Sprengkandidat Ralph Nader gelangte aus anderen Gründen zu ähnlichen Schlüssen: Eine möglichst effiziente Produktion in Grossunternehmen solle für sichere und billige Produkte sorgen. Nader gewichtete die Interessen der Konsumenten höher als jene der Unternehmer und Arbeitnehmer. Angesichts der »ständig steigenden Lebenshaltungskosten« müsse alles getan werden, um die Preise zu senken. Damit war die Bahn frei für eine Aufweichung der Kartellgesetzgebung: 1982 gaben das Department of Justice gemeinsam mit der Federal Trade Commission erstmals eine Richtlinie heraus, wonach eine Fusion dann gerechtfertigt sei, wenn »substanzielle Kostensenkungen eindeutig nachgewiesen« werden könnten. Zwei Jahre später hiess es schon, die Erhöhung der Effizienz sei der »primäre volkswirtschaftliche Zweck einer Fusion«, und 1992 wurde auch das Erfordernis eines klaren Nachweises der Effizienzgewinne fallen gelassen.[16] Immer öfter wurde in der Folge auch die globale Konkurrenz ins Feld geführt. Damit konnte sogar ein faktisches Monopol damit gerechtfertigt werden, dass dieses deshalb keine überrissenen Monopolpreise durchsetzen könne, weil man damit ausländische Anbieter ins Land locken würde.

Die USA standen mit dieser Entwicklung nicht alleine da. 1996 fasste eine Studie des US Departments of Justice den Stand der Wettbewerbspolitik in den Industrieländern wie

---

16 http://www.ftc.gov/news-events/press-releases/2002/11/ftc-commissioner-thomas-b-leary-speaks-ongoing-evolution (Stand: 31.12.2013).

folgt zusammen: »Dieses Zitat der OECD zeigt, dass die Effizienz, nicht der Wettbewerb, das eigentliche Ziel der Antitrustpolitik ist.«[17] Im Klartext: Alle Fusionen sind erlaubt, sofern man davon ausgehen kann, dass Skalenerträge erzielt werden können.

Der Kampf um die Wettbewerbspolitik war eine der entscheidenden Schlachten der Globalisierung. Er illustriert eindrücklich die komplexe Wechselbeziehung zwischen ökonomischen Veränderungen und politischen Institutionen. Die Öffnung der Grenzen und neue Produktionsmethoden haben die Macht der grossen Unternehmen gegenüber Staat und Gewerkschaften gestärkt. Diese verlieh ihnen auch den nötigen politischen Einfluss, um wichtige Spielregeln und Institutionen zu ihren Gunsten zu verändern, unter anderem das Wettbewerbsrecht und die Preiskontrollen. Galbraith, der während des Zweiten Weltkriegs als Chief Officer of Price Administration amtete, konnte noch davon ausgehen, dass die Regierung überrissene Preise verhindern konnte. Zwischen 1971 und 1973 fanden in den USA letztmals Preiskontrollen statt. Seither ist dieses Instrument in Vergessenheit geraten.

Der Kampf um die Wettbewerbspolitik zeigt auch, dass es dabei nicht in erster Linie um überhöhte Margen, Effizienz und Konsumentenpreise geht, sondern um das Gleichgewicht der Macht, um inklusive oder extraktive Modelle, darum, ob die USA eine Marktwirtschaft bleiben oder zu einem »neofeudalen System verkommen«, wie es Barry C. Lynn formuliert. Kurz, es geht darum, die Gesellschaft vernünftig zu organisieren.

---

17 http://www.justice.gov/atr/hmerger/11254.htm (Stand: 31.12.2013).

Bevor wir aufzeigen, wie sehr die Globalisierung unsere Gesellschaft bereits zerrüttet hat, wollen wir uns zunächst den rein materiellen Schäden zuwenden. Die Globalisierung war mit dem Versprechen angetreten, uns alle reicher zu machen. Das hat leider nur ein paar Jahrzehnte lang funktioniert.

KAPITEL 4

Die Folgen – was die Globalisierung mit unserem Wohlstand gemacht hat

Die *Financial Times* ist die einflussreichste Wirtschaftszeitung Europas, vielleicht sogar der Welt. Wer sich in der globalisierten Wirtschaft bewegt, liest die *Financial Times,* wer dort noch etwas zu sagen hat, schreibt in der *Financial Times.* Wolfgang Schäuble, Olli Rehn, Mario Monti, Toni Blair oder Mario Rajoy haben darin schon ihre Sicht der Dinge dargelegt. Die *Financial Times* steht nicht nur fest auf dem Boden der globalen Marktwirtschaft, sie ist ihr Boden, oder zumindest ihre intellektuelle Bühne.

Doch selbst dieses Sprachrohr der Weltwirtschaft hat alle Hoffnung auf die Globalisierung fahren lassen. In einem Leitartikel erklärte sie ihren Leserinnen und Lesern Ende August 2013, warum der Lebensstandard nicht nur der Arbeiterklasse, sondern auch der gehobenen Angestellten weiter sinken wird: »Das ist für viele Leute schmerzlich, ja tragisch, doch die Regierungen helfen ihnen nicht, wenn sie so tun, als könnten sie diesen Trend umkehren.«[18] Weiter heisst es: »Weitsichtige Führungspersönlichkeiten sollten endlich das Unsagbare offen sagen: Der steigende Wohlstand in den Nachkriegsjahren war eine einmalige historische Episode, die nicht zuletzt deshalb möglich war, weil die bevölkerungsreichsten Länder damals

---

18 Janan Ganesh, »Living standards are too big a problem for politics«, *Financial Times,* 27.8.2013.

noch vom Welthandel ausgeschlossen waren.« Der Eintritt dieser rund zwei Milliarden Arbeitskräfte in die globale Wirtschaft, so die Hauptthese des Kommentars, habe die Löhne gedrückt, am Ergebnis werde sich in absehbarer Zeit nichts ändern. Die Zeitung wiederholt damit nicht nur eine bekannte These, sie drückt auch ein weit verbreitetes Gefühl aus: Es kann eigentlich nur noch schlechter werden.

Ins gleiche Horn stiess auch der ehemalige US-Staatssekretär Larry Summers, als er Ende 2013 die »säkulare Stagnation« verkündete. Nach seiner These ist in absehbarer Zukunft bestenfalls ein schwaches Wachstum zu erwarten, wenn die Notenbanken weiterhin Geld drucken und der Staat mit hohen Defiziten die Nachfrage stützt. Finanzblasen wie etwa der Immobilienboom der frühen Nullerjahre seien ein unvermeidlicher Bestandteil dieses Regimes, weil sie die Nachfrage wenigstens temporär belebten. Paul Krugman, ein anderer linker Vordenker, stimmte begeistert zu: Säkulare Stagnation sei immer noch besser als Depression.[19]

Das war nicht immer so: Bis zu Beginn der 1970er Jahre war die Welt der Marktwirtschaft – damals noch der sozialen Marktwirtschaft – in Ordnung. Der Erfindungsgeist trieb den Fortschritt an, und der Wettbewerb sorgte dafür, dass die Früchte der steigenden Produktivität breit verteilt wurden. Für die beiden Autoren des vorliegenden Buches war es damals selbstverständlich, dass die Teuerung ausgeglichen wurde und die realen Einkommen Jahr für Jahr um ein paar Prozent stiegen – und zwar auch ohne Schritte auf der Karriereleiter. Diese Zuversicht war damals Bestandteil des

---

19 Paul Krugman, »Secular Stagnation, Coalmines, Bubbles, and Larry Summers«, *New York Times,* 16.11.2013.

allgemeinen Lebensgefühls; in den angrenzenden europäischen Staaten noch mehr als in der Schweiz, denn dort bestand nach dem Krieg Nachholbedarf. Für die USA galt diese Erwartung erst recht, denn sie waren der Inbegriff des technologischen Fortschritts.

Dann kam die Erdölkrise. Damals sah man das noch als Betriebsunfall an, die Fahrt nach oben würde gleich weitergehen. Inzwischen wissen wir es besser. Die frühen 1970er Jahre waren kein Betriebsunfall, sondern eine Zäsur, während der das Programm der Marktwirtschaft umgeschrieben wurde. Die Folgen waren zuerst in den USA zu spüren, vor allen im Mittelstand und in der Unterschicht. Von 1954 bis 1973 war das reale Jahreseinkommen des durchschnittlichen (männlichen) Arbeitnehmers im Jahresmittel um 2,4 Prozent real gestiegen. 1973 erreichte es einen Wert von 36 454 Dollar (Kaufkraft von 2011). Von da an gings bergab. 1983 lag der Reallohn rund 17 Prozent oder gut zwei Monatslöhne unter dem Niveau von 1973, das erst 1998 wieder kurzfristig überschritten wurde. Doch auch der letzte bisher verfügbare Wert von 2011 liegt real erneut rund 10 Prozent unter dem Niveau von 1973.

Betrachtet man anstelle der individuellen Einkommen die Situation der Haushalte, sieht es ein wenig besser aus. Der durchschnittliche US-Haushalt verdiente 2011 real etwa fünf Prozent mehr als 1973. Diese relative Verbesserung kam jedoch nicht durch Lohnerhöhungen zustande, sondern vor allem durch einen deutlich höheren Arbeitseinsatz von Mütter und Frauen. Dennoch geht das reale Einkommen des Durchschnittshaushalts seit 2000 wieder deutlich zurück – bisher um rund 10 Prozent.

Zwei Jobs und doch keine Geld für Autoreifen

Wie schlecht der amerikanische Mittelstand heute wirklich dran ist, illustriert ein kleines Beispiel.[20] Es geht um das boomende Geschäft mit Leihreifen, das von Ketten wie Rent'n'Roll oder Rent-a-Wheel betrieben wird. Zu ihren Kunden gehört das Ehepaar Don und Florence Cherry aus Rich Square im Staat North Carolina. Beide arbeiten in Berufen, von denen man einst leben konnte: Er ist Gefängsniswärter, sie Krankenschwester. Gemeinsam besitzen sie einen 15 Jahre alten Dodge Minivan, dessen Reifen sie bis auf die Stahlfäden des Mantels abgefahren haben, immer in der Hoffnung, vielleicht doch noch mal die mindestens 600 Dollar für den Kauf von vier neuen Reifen zusammengespart zu haben. Was nun? Auf das Auto verzichten? Geht nicht. Ohne Auto lassen sich zwei Jobs mit unregelmässigen Arbeitszeiten und ein Haushalt nie unter einen Hut bringen. Zum Glück gibt es Rent'n'Roll. Dort bekommen die Cherrys die vier neuen Reifen für 54.60 Dollar. Das liegt noch drin. Allerdings verstehen sich die 54.60 Dollar monatlich. Nach 18 Raten gehören die Reifen ihnen. Das ist sehr teuer. Allerdings kann Rent'n'Roll hohe Unkosten geltend machen. Die entstehen etwa dann, wenn die Kunden die Raten nicht bezahlen können und Rent'n'Roll einen »repossessor« losschicken muss, der das Auto der Schuldner ausfindig macht, die Reifen samt Felgen wieder abmontiert und das Auto auf vier Backsteinen am Strassenrand stehen lässt. Wer reklamiert, wird darauf hingewiesen, dass er sich im Kleingedruckten mit diesem Vorgehen einverstanden erklärt habe. Und die Cherrys sind bei Weitem kein Einzelfall. Der Reifen-

---

20 *Tages-Anzeiger*, 26.6.2013.

verleih ist in den USA ein blühendes Geschäft mit Hunderten von Filialen.

Dass die einst soziale Marktwirtschaft plötzlich nicht mehr so sozial war, bekam man auch in anderen Ländern zu spüren. Etwa in Deutschland. Dort ist das Markteinkommen des Durchschnittsbürgers (Median) von 1991 bis 1999 real nur noch um etwa 3,5 Prozent gestiegen und dann bis 2009 um 6,5 Prozent gesunken. Das Nettoeinkommen nach Steuern und Sozialtransfers war 2011 nicht höher als 2000.[21] Noch schlimmer sieht es für die ärmere Hälfte der Deutschen aus. Ihr Einkommen nahm zwischen 1999 und 2009 um nicht weniger als 13 Prozent ab. Der finanzielle Absturz wurde zwar durch Steuern, Arbeitslosengeld und Sozialhilfe leicht abgefedert, aber unter dem Strich bleibt ein Verlust von gut 5 Prozent – und das in einer Zeitspanne, in der das Bruttoinlandprodukt pro Kopf immerhin noch um 9,5 Prozent gewachsen ist.

In Österreich sind die Bruttojahreseinkommen der Unselbständigen von 2000 bis 2011 durchschnittlich real um 5 Prozent gesunken. Wie in fast allen Ländern wurden auch da die Reichen noch ein wenig reicher und die Armen deutlich ärmer. Die Männer an der Grenze zum ärmsten Einkommensquartal verloren gar 43 Prozent ihres Einkommens. Der Grund für diesen Einbruch war nicht etwa eine Wirtschaftskrise, denn in den 12 Jahren bis 2011 nahm das Bruttoinlandprodukt pro Kopf um beträchtliche 16 Prozent zu. Offenbar wurden also auch in Österreich Einkommen von unten nach oben umverteilt, und zwar nach ganz weit oben. Wie dem Bericht des Rechnungshofes zu entnehmen ist, stiegen nämlich auch die Einkommen an der Grenze zum obersten Zehntel nur um

---

21 *Datenreport 2013*. Ein Sozialbericht für die Bundesrepublik Deutschland.

rund 4 Prozent. Interessant ist, dass die »Klasse der Angestellten« (etwa 50 Prozent aller unselbständig Beschäftigten) ihr reales Lohnniveau in etwa beibehalten konnten. Die Arbeiterklasse (gut 40 Prozent) verlor 13 Prozent, und die Beamtenklasse legte etwa 17 Prozent zu. Das heisst aber nicht, dass sie sich auf Kosten der anderen bereichert hätte, denn dieser Reallohnzuwachs entspricht etwa dem Wirtschaftswachstum pro Kopf. Die wirklich grossen Profiteure müssen also ganz oben auf der Einkommenspyramide sitzen. Zahlen dazu werden allerdings keine erhoben.

Die Schweiz gehört zu den wenigen Ländern, die einen Einbruch der Einkommen am unteren Ende der Pyramide bisher vermeiden konnten. Während etwa Deutschland – nota bene unter einer sozialdemokratischen Regierung – einen solchen Einbruch mit der Agenda 2010 bewusst herbeiführte, kämpften die Gewerkschaften in der Schweiz erfolgreich für eine Anhebung der Mindestlöhne. Entscheidend dafür war wohl die »Kein-Lohn-unter-3500-Franken-Kampagne« der Gewerkschaft Unia im Detailhandel in den 1990er Jahren. Dabei wiederum dürfte die Tatsache eine wichtige Rolle gespielt haben, dass die beiden wichtigsten Einzelhandelsketten Migros und Coop genossenschaftlich organisiert sind. Auch wenn in der Schweiz keine grossen Lohnsprünge zu verzeichnen waren, nahm doch die reale Kaufkraft der Arbeitnehmer stetig zu. Zwischen 1991 und 2012 erhöhte sich der Medianlohn für Vollzeitbeschäftigte um 20 Prozent, was ziemlich genau der Wachstumsrate des Bruttoinlandprodukts pro Kopf entspricht. Dieser Gleichschritt von Lohn und Produktivität wird oft als Indiz dafür gewertet, dass sich in der Schweiz – anders als in beinahe allen anderen Ländern – das Kräftegleichgewicht von Arbeit und Kapital nicht verändert habe.

Doch dieser Schluss ist voreilig: Zwischen 1991 und 2012 ist der Beitrag des Kapitals zur Wertschöpfung nämlich deutlich gesunken. 1991 mussten noch 28 Prozent des Bruttoinlandprodukts investiert werden, 2012 waren es nur noch 20 Prozent. Oder anders gesagt: Der konsumierbare Teil des Bruttoinlandprodukts stieg von 72 auf 80 Prozent. Nochmals anders gesagt: Es gab mehr zu verteilen, als der prozentuale Anstieg des Bruttoinlandprodukts vermuten lässt. Frage: Wer hat sich dieses zusätzliche Kuchenstück abgeschnitten?

Nun, dieses Geld eignete sich – im Ausland wie auch in der Schweiz – im Wesentlichen das reichste Prozent der Haushalte an. Deren Anteil am Bruttoinlandprodukt ist zwischen 1991 und 2008 von 8,4 auf 11 Prozent gestiegen, wovon allein das reichste Promille oder die reichsten 45 000 Steuerpflichtigen 4,3 Prozentpunkte oder fast die Hälfte beanspruchen. Verantwortlich dafür war vor allem der starke Anstieg der Managerlöhne. Noch in den 1990er Jahren verdienten etwa Topmanager jährlich rund das 13-Fache des Medianlohnes. 2012 waren es schon 6,8 Millionen oder das 93-Fache. Das sind Verhältnisse, die jenen in den USA nahekommen. Was die Konzentration der Einkommen am oberen Ende der Einkommensskala betrifft, war die Entwicklung in der Schweiz deutlich extremer als in den übrigen europäischen Ländern.

Der Kampf um die bezahlte Arbeit

In den meisten Industrieländern ist ein harter Kampf um die immer knapper werdende bezahlte Arbeit entbrannt, den die unteren Einkommensschichten verlieren. Dem kann sich auch die Schweiz nicht entziehen. Die ohnehin schlechter bezahlten

Arbeitskräfte verdienen zwar pro Stunde, bzw. auf Vollzeit hochgerechnet, immer noch mehr als früher, aber sie ergattern immer seltener eine Vollzeitstelle und müssen sich mit kürzeren Arbeitspensen begnügen.

Gemäss der Statistik der Nettolöhne sind die Lohneinkommen der ärmsten 30 Prozent durch diesen Effekt um 6 Prozent und die des ärmsten Fünftels gar um 13 Prozent gesunken. Diese Angaben beziehen sich auf die Jahre 2000 bis 2010 und auf das oberste Ende dieser Einkommensgruppen. Weiter unten auf der Leiter fielen die Einbussen noch höher aus.

Auch Frankreich gehört zu den Ländern, die einen realen Rückgang der – auf Vollzeit hochgerechneten – Einkommen am unteren Ende der Skala vermeiden konnten. Gemäss dem Observatoire des Inégalités kassierten die obersten 10 Prozent (untere Limite) 2010 genau 3,5-mal mehr als die ärmsten 10 Prozent (obere Limite). Seit 1984 hat sich dieses Verhältnis nicht verändert. Auch in den letzten zehn Jahren sind die unteren Einkommen noch (leicht) gestiegen. Am obersten Ende der Skala hat sich jedoch auch Frankreichs Einkommensverteilung globalisiert: 2010 verdiente das reichste 0,01 Prozent 735 000 Euro oder mehr. Das war 39 Mal das Medianeinkommen. Noch 2004 lag dieser Faktor »nur« bei 32.

Dieser kurze Überblick über die Entwicklung der Einkommensverteilung zeigt, dass offenbar nicht überall dieselben Marktkräfte wirken. Vielmehr sind die Institutionen mitentscheidend. In Deutschland hat die Regierung Schröder mit Hartz IV eine neue Institution geschaffen und das Kräftegleichgewicht zwischen Arbeit und Kapital oder Arbeitnehmern und Unternehmen massiv verändert. In der Schweiz haben Genossenschaften, Gewerkschaften und Arbeitgeberverbände die Marktkräfte kanalisiert und das Gleichgewicht gewahrt. Im Sinne der beiden US-Ökonomen Daron Acemoglu und James Robinson[22] kann man sagen, dass Deutschland in dieser Phase inklusive Institutionen abgebaut und durch extraktive – besser gesagt: ausbeuterische – ersetzt hat. Die Schweiz hingegen konnte ihre inklusiven Institutionen weitgehend am Leben erhalten.

Auf der anderen Seite zeigt sich global, dass sich in den vom internationalen Kapital dominierten Grossunternehmen dieselben Trends zu massiv höheren Managersalären durchgesetzt haben. Oberflächlich gesehen sind diese Saläre marktkonform, weil die grossen Unternehmen dank ihrer Marktmacht auch sehr viel zu verteilen haben. Doch spätestens die Bankenkrise hat allen deutlich gemacht, dass die hohen Managerlöhne weder etwas mit Leistung zu tun haben, noch aus Sicht des Marktes zu erklären sind. Vielmehr haben auch da Institutionen die entscheidende Rolle gespielt. Zunächst einmal das Old-Boys-Netzwerk der Verwaltungsräte und Topmanager: Man kennt einander und gönnt sich gegenseitig etwas. Zu diesem Netz gehören auch neuere Institutionen, etwa global tätige Headhunter wie Egon Zehnder oder Vergütungsberater wie Towers Watson, die Hay Group oder Hostettler Kramasch. Sie gründen ihre Empfehlungen auf Vergleichen mit Unternehmen, die in derselben Branche tätig oder in etwa gleich gross sind. Da diese Berater meist im Auftrag oder auf Empfehlung der CEOs arbeiten, fällt der Vergleich immer so aus, dass »der globale Wettbewerb um Talente« eine deutlich höhere Vergütung unvermeidlich erscheinen lässt. Diese Exzesse sind allerdings nur möglich, weil die Unternehmen ins-

---

22 Daron Acemoglu, James A. Robinson, *Why Nations Fail: The Origins of Power, Prosperity and Poverty,* Crown Business, 2012.

gesamt sehr hohe Margen durchsetzen können und – wie bereits erwähnt – entsprechend viel zu verteilen haben.

Auf eine andere, weit wichtigere Verteilungsinstitution werden wir später ausführlicher zu sprechen kommen: die regelmässige Anpassung der offiziellen Arbeitszeiten an das effektiv beanspruchte Arbeitsvolumen. Bis in die 1980er Jahre funktionierte diese Anpassung noch; heute ist sie in fast allen Ländern stark geschwächt oder tot. Die Folge ist ein immer härterer Kampf um Arbeit, und damit natürlich auch um Einkommen. Sieger in diesem Kampf sind fast überall die gut Verdienenden. Sie können ihre Pensen ungefähr halten oder bauen sie bloss leicht und freiwillig ab. Wer sowieso schlecht verdient und als unqualifiziert abgestempelt wird, muss sich mit Teilzeitjobs begnügen. In den meisten Ländern ist auch das Alter ein wichtiges Kriterium: Wer schon einen Job hat, kann ihn meist behalten. Die Jungen bleiben aussen vor. Inzwischen sind Jugendarbeitslosigkeitsquoten von 50 Prozent in vielen Ländern fast zur Regel geworden. Doch es geht nicht nur um Jobs. Die erschreckend hohe Arbeitslosigkeit, die Spaltung von Alt und Jung, Niedriglöhnern und Normalverdienern ist nur Ausdruck davon, wie sehr die Globalisierung unsere Gesellschaft desorganisiert.

KAPITEL 5

Die Globalisierung und das soziale Kapital

Die Globalisierung zerstört das wichtigste Kapital der Menschheit: ihre Fähigkeit, das Überleben als Spezies zu sichern, ihr Zusammenleben vernünftig zu organisieren und möglichst vielen Individuen ein gutes Leben zu ermöglichen. Unabdingbare Voraussetzung für diese Fähigkeit ist, dass Bedürfnisse erkannt und Massnahmen zu ihrer Befriedigung ergriffen werden können. Wenn ein Vogel Hunger verspürt, fängt er an zu picken. Will er Nachwuchs zeugen, sucht er einen Partner und baut ein Nest. Um ihr Winterquartier zu erreichen, bilden Vögel Schwärme. Das Abstecken und Verteidigen ihrer Reviere folgt sozialen Regeln, die den Energieaufwand dafür in Grenzen halten.

Alle Lebewesen brauchen die Fähigkeit zur sozialen Selbstorganisation. Sie bestimmt über das Ausmass ihres evolutionären Erfolges. Ein hoher Grad an sozialer Organisationsfähigkeit ist das Erfolgsgeheimnis von Termiten, Ameisen und – in erdgeschichtlich jüngerer Zeit – des Menschen. Einige Zufälle sind uns zu Hilfe gekommen. So lieferten etwa die Mammuts das Eiweiss, das nötig war, um unsere Hirnmasse um 50 Prozent wachsen zu lassen. Damit schafften wir den Schritt vom Affen zum Hominiden. Noch früher ist uns – anders als allen anderen Säugetieren – das Enzym Urease abhandengekommen, das dem Abbau von Harnsäure dient. Harnsäure schärft, ähnlich wie Koffein, den Verstand. Menschen mit hohem IQ haben noch heute im Schnitt mehr Harnsäure im Blut. Ihr grosses Gehirn verwenden die Menschen in erster Linie, um sich im sozialen Beziehungsgeflecht zurechtzufinden. Das Gehirn von Säuglingen ist fast ausschliesslich damit beschäftigt, Gesichtsausdrücke oder Stimmlagen zu deuten und die Sprache zu erlernen.

Mehr als alle anderen Lebewesen müssen sich Menschen sozial organisieren, um ihre Bedürfnisse befriedigen zu können. Wenn ein Mensch Hunger verspürt, kann er nicht einfach zu picken beginnen wie ein Vogel, er muss sich mit anderen Menschen organisieren, sich in soziale Netze einfügen. Die globale Arbeitsteilung jedoch strapaziert diese Fähigkeit. Das zeigt sich einerseits auf der staatlichen Ebene der sozialen Organisation; etwa wenn eine Regierung nicht mehr in der Lage ist, die wirtschaftlichen Probleme des Landes mit geeigneten Massnahmen anzugehen. In der Europäischen Union haben die nationalen Regierungen beispielsweise ihre zentralen wirtschaftspolitischen Kompetenzen der Geld- und Fiskalpolitik an die Europäische Zentralbank und die EU-Kommission verloren. Diese wiederum lassen sich ihre Entscheide weitgehend von den Kapitalmärkten diktieren. In der Folge verlieren nicht nur einzelne Regierungen, sondern alle demokratischen Institutionen der betroffenen Länder ihre Legitimität.

Eine vergleichbare Ohnmacht zeigt sich auf der unteren sozialen Ebene von Familien und Nachbarschaften. Noch vor wenigen Hundert Jahren wurden 90 Prozent des Sozialprodukts in diesen Strukturen produziert. Auch in modernen Industriestaaten liegt dieser Prozentsatz – je nach Berechnungsart – immer noch bei 30 bis 50 Prozent. In Bezug auf nicht-materielle Bedürfnisse ist die Bedeutung dieser unteren sozialen Ebene noch viel grösser. Diese Strukturen jedoch sind gefährdet. Die Familienbande lockern sich. Das lokale produktive Know-how schwindet. In vielen Familien wird nicht mehr gekocht, sondern bestenfalls noch aufgewärmt. Gemeinsame Mahlzeiten gibt es höchstens noch am Wochenende oder vor dem Fernseher. Es entstehen immer mehr Einpersonenhaushalte. Die Geburtenraten sinken weit unter das fürs Überleben der Spezies notwendige Mass von 2,1 Kindern pro Paar. Besonders augenfällig ist der Zerfall von sozialen Bindungen in »strukturschwachen« Regionen, vor allem in sogenannten sozialen Brennpunkten. Da erkennt man unbefriedigte Bedürfnisse an jeder Ecke – verwahrloste Jugendliche, kaputte Strassen, verlotterte Häuser, geschlossene Schwimmbäder und dergleichen. Um die Probleme anzugehen, bräuchte es eine soziale Organisation auf der jeweils entsprechenden Ebene: Familienväter oder -mütter, die Jugendliche zu zivilisiertem Benehmen anhalten; einen Ältestenrat, der Aufräumaktionen organisiert; eine Polizei oder notfalls eine Bürgerwehr, die Eigentumsrechte schützt und für Ordnung sorgt. Doch leider fehlt dort häufig auch die Fähigkeit, sich in angemessener Weise sozial zu organisieren. Teilweise gelingt es uns nicht einmal mehr, diese Bedürfnisse zu artikulieren, weil wir nur noch in monetären Kategorien denken.

Doch weshalb sollte die Globalisierung dafür verantwortlich sein? Brauchen wir nicht im Gegenteil noch mehr globale Arbeitsteilung und Effizienz, um auch diese unbefriedigten Bedürfnisse zu decken? Die Frage ist berechtigt, denn die globale Arbeitsteilung hat immerhin grossen Teilen der Menschheit einen bis vor Kurzem völlig undenkbaren materiellen Wohlstand beschert. Der globale Wettbewerb zwingt die Unternehmen dazu, ihre Produktionsmethoden laufend zu verfeinern und innovative Verfahren möglichst schnell zu übernehmen. Heute können wir alle paar Monate neue Kleider kaufen und uns täglich satt essen, müssen aber – grob gerechnet – nur noch eine Stunde pro Tag arbeiten, um uns das alles leisten zu können. Schon bald wird uns die moderne Technik sogar von der Last und Verantwortung befreien, unsere Autos selbst steuern zu müssen (siehe Kapitel 11).

Dieses Füllhorn an Möglichkeiten steht uns zur Verfügung, weil die Menschheit mit den multinationalen Unternehmen einen einsamen Gipfel der sozialen Organisation erreicht hat. Dank extremer Spezialisierung, ausgeklügelter Arbeitsteilung, weltweiten Transportsystemen und – nicht zuletzt – globalen Kapitalmärkten können heute fast alle Bedürfnisse so effizient befriedigt werden wie noch nie in der Geschichte der Menschheit. Wo also ist das Problem?

Ausbeutung und lange Produktionsketten

Das Problem liegt darin, dass lange bis globale Produktionsketten sehr viel mehr Möglichkeiten zur Ausbeutung bieten als kurze. Die soziale Kontrolle wird erschwert. Dies zeigt sich etwa in der Übermacht der Unternehmen, insbesondere weltumspannender Multis, gegenüber allen anderen sozialen Organisationen. Die Unternehmen fordern flexible Arbeitszeiten – die Bedürfnisse von Familien sind zweitrangig. Multinationale Unternehmungen verlagern ganze Fabriken – die Gemeinden und Regierungen kümmern sich um die Arbeitslosen. Die Finanzchefs der Grossunternehmen ziehen ihre Gelder ab – und zwingen die Regierungen zu Sparprogrammen.

Ein anderes Problem liegt darin, dass auf dem immer längeren Weg zwischen Bedürfnissen und Produktion wesentliche Informationen verloren gehen. Die Multis sind gut darin, Bedürfnisse mit viel Werbeaufwand neu zu schaffen und dann zu befriedigen. Doch sie gehen wie Dampfwalzen über alle Bedürfnisse hinweg, die nicht mit finanzieller Kaufkraft zu befriedigen sind. Schlimmer noch: Sie hindern die übrigen sozialen Organisationen daran, diese Bedürfnisse zu erkennen oder gar zu befriedigen. Dazu ein konkretes Beispiel: 2013 gab es im Raum Bochum 30 000 Arbeitslose und 37 000 Unterbeschäftigte. Mindestens 150 000 Menschen lebten von Hartz IV oder einem Niedriglohn von weniger als 1500 Euro. Für sie sind schon Kaffee und Kuchen bei Tchibo ein Luxus, geschweige denn der Besuch in einem schicken Restaurant oder gar Ferienreisen. Die Haare schneidet man sich inzwischen selbst oder gegenseitig. Wer einen Job hat, ist oft auf ein Auto angewiesen. Doch für mehr als einen Gebrauchtwagen Jahrgang 2000 reicht es nicht. Kurz: Im Raum Bochum besteht ein riesiges Potenzial von Nachfrage nach Gütern und Dienstleistungen sowie eine brachliegende Produktivkraft, die – wenn man beides zusammenbringt – mindestens 50 000 Jobs schaffen könnte, die meisten davon in der Region selbst. Der einzelne Arbeitslose kann aber nichts tun, um dieses Potenzial zu nutzen. Einzelne Unternehmer können es offenbar auch nicht, sonst hätten sie es längst getan. Die Sache muss politisch angegangen werden.

Zu diesem Zweck müsste die brachliegende lokale Nachfrage erst einmal erkannt werden. Dies aber wird sie nicht, weil Politiker, Gewerkschaften und Verbandsvertreter von der Jagd nach nationaler und globaler Nachfrage absorbiert sind. Gemäss dem Haushaltsplanentwurf 2013 soll Bochum unter dem Label »Welcome to the UniverCity Bochum« zu einem »Wissenschaftsstandort« und zu einem »Kompetenzzentrum Gesundheit« werden. Auch als Musikzentrum will Bochum punkten. Vor allem will man »Opel-Standort« bleiben und die 3300 Autobauer-Jobs behalten. »Deshalb«, so liest man im Haushaltsentwurf der Stadt weiter, »können wir nur wiederholen: Wir stehen weiter für den Erhalt des Standortes, weil die Arbeitsplätze in der Stadt und in der Region dringend gebraucht werden und weil hier gute Arbeit geleistet wird!«[23]

Woher die Nachfrage für jährlich rund 100 000 Opel-Autos aus Bochum kommen soll, diese Frage stellte sich für die Bochumer Oberbürgermeisterin Ottilie Scholz nie. Dabei hätte schon ein Blick auf das Budget der Bürgerinnen und Bürger der Stadt zeigen müssen, dass der Markt für Mittelklassewagen eng wird. Die monatlichen Kosten eines Opel Corsa liegen bei 431 Euro. Leiharbeiter bei Opel verdienen aber bloss 8,19 Euro pro Stunde oder rund 1300 Euro brutto pro Monat. Der Opel Zafira, der ebenfalls in Bochum produziert wird, liegt noch eine Preisklasse höher.

Beim Kampf um den Standort Bochum ging es aber nie um die Frage, woher die Nachfrage nach diesen Fahrzeugen kommen soll. Der Standortwettbewerb drehte sich immer nur um die Frage: Wird bei uns oder bei denen produziert? Jene waren in diesem Fall die Bürger von Gliwice (PL), Barcelona oder Rüsselsheim. Die Ausgangslage eines solchen Wettbewerbs ist immer dieselbe: Es gibt irgendwie und irgendwo eine globale Nachfrage. Und es gibt das globale Kapital, das darüber entscheidet, wo diese Nachfrage befriedigt werden soll. Ausserdem gibt es noch nationale Politiker und Gewerkschafter, die darum

---

23 http://www.bochum.de/C125708500379A31/vwContentByKey/
     W272ZEMW590BOLDDE (Stand: 31.12.2013).

kämpfen, dass bei ihnen produziert wird. Dabei ist jeder Kotau erlaubt. So hat die Opel-Belegschaft in Rüsselsheim auch schon mal angeboten, eine Erweiterungsinvestition von 35 Millionen Euro durch Lohnkürzungen selbst zu finanzieren.

Bei Opel ging es zuletzt noch um 3365 Arbeitsplätze. Das ist nicht viel, aber immer noch genug, um Druck auf Politiker und Gewerkschafter auszuüben. Die Betroffenen haben eine starke Lobby, die nächsten Wahlen stehen immer vor der Tür, und die Multis nützen diesen Umstand aus. Die alternative Strategie hingegen – die lokale Nachfrage anzukurbeln – ist ein langwieriger Prozess, dessen Ergebnisse sich meist frühestens nach der übernächsten Wahl zeigen.

Ökonomen sprechen gern von Angebot und Nachfrage, interessieren sich aber in erster Linie für das Angebot. Wie bringt man die Wirtschaft dazu, mit noch weniger Aufwand noch mehr zu produzieren? Das ist schon deshalb die bevorzugte Fragestellung des ökonomischen Establishments, weil es ihm ermöglicht, auf die enormen Erfolge hinzuweisen, die das bestehende System auf diesem Gebiet erreicht: Die Marktwirtschaft fördert die Innovation und zwingt die Unternehmen, die Arbeit so zu organisieren, dass historisch gesehen eine schwindelerregende Produktivität erreicht ist.

Die Leistungskraft von (Gross-)Unternehmen ist beachtlich. Doch sie stellt die Politik vor eine noch bedeutend beachtlichere Aufgabe: Wie bringe ich eine Gesellschaft dazu, den Konsum zu pflegen, der nötig ist, um die immer grösseren Produktionskapazitäten der Unternehmen auch nur annähernd auszulasten? Das ist nicht nur kein Kinderspiel, es gelingt auch immer seltener. Ein Blick zurück kann helfen, das Ausmass des Problems zu erkennen. In den 1950er und 1960er Jahren feierte Deutschland sein »Wirtschaftswunder«. Zumindest im Vergleich mit den ersten Nachkriegsjahren lebte man in Saus und Braus. Schon damals warnten besorgte Senioren vor Luxus, Verschwendung und Verweichlichung der Jugend. Doch seit damals hat sich die Produktivität in Deutschland noch einmal fast vervierfacht. Wohin mit all dem Zeug?

Konsum als kulturelle Leistung

Es ist in der Tat erstaunlich, dass es lange Zeit gelingen konnte, Absatz für »all das Zeug« zu schaffen – eine kulturelle und soziale Leistung, die bei Weitem höher einzuschätzen ist als die Steigerung der Produktion. Aus heutiger Sicht müssen wir klar erkennen, dass es einfacher ist, ein mehr oder weniger hierarchisch organisiertes Unternehmen auf Höchstleistung zu trimmen, als einen Staat so zu organisieren, dass die Produktion auch konsumiert wird. Ein kleines Gedankenexperiment veranschaulicht die Tragweite des Problems: Stellen Sie sich vor, es gehen Gerüchte um, wonach Ihr Arbeitgeber morgen die Produktion nach Polen verlegen wird. Oder dass Sie demnächst 100 000 Euro für eine lebensrettende Operation aufbringen müssen. Gehen Sie nur in Gedanken durch, auf welche Anschaffungen und auf welchen Luxus Sie leicht verzichten könnten und was Sie zur Not auch noch streichen könnten. Der Kleiderschrank ist voll. In der Kühltruhe und in der Vorratskammer lagern Kalorien für die nächsten vier Wochen. Das Auto schafft locker weitere 50 000 Kilometer, Ferien in Korsika müssen auch nicht unbedingt sein, die Reitstunden für die Kinder sind schon mal gestrichen. Und nun überlegen Sie, dass 20 Prozent der Haushalte ein solches »Ereignis« befürchten. Wenn sie das ernsthaft tun, sind schnell mal 5 Prozent des Bruttoinlandprodukts weg. Das nennt man Rezession. In einer Rezession schalten aber nicht nur 20, sondern 80 Prozent der Bevölkerung von Luxus auf Sparen um.

Ob ein Land ein Konsumniveau halten kann, das seiner Produktionskraft entspricht, hängt – vereinfacht gesagt – von zwei entgegengesetzten Charaktereigenschaften ab: Leistungsbereitschaft und Konsumlust. Diese Merkmale werden im Wesentlichen von zwei Institutionen geprägt: Der Sozialstaat schafft materielle Sicherheit und fördert damit die Konsumlust. Die (Gross-)Unternehmen wecken zwar mit ihrer Werbung immer neue Luxusbedürfnisse, aber sie wollen auch dort produzieren, wo die Leistungsbereitschaft hoch und die Löhne tief sind. Damit vernichten sie aber gleichzeitig die Kaufkraft, die es braucht, um Konsumlust in ökonomische Nachfrage zu verwandeln.

Nun können wir leider längst nicht mehr von einem Gleichgewicht zwischen Staat und Unternehmen reden. Dank ihrer Marktmacht ist es global tätigen Unternehmen gelungen, den Staaten ihre Optik aufzuzwingen. Sie sehen sich längst als umfassende Unternehmen, als »Produktionsstandorte«, die untereinander in Konkurrenz stehen. Googelt man »Merkel, Wettbewerbsfähigkeit«, erhält man 280 000 Treffer. Verwendet man statt Wettbewerbsfähigkeit den englischen Begriff »competitiveness« sind es schon 483 000. Es vergeht kaum noch eine Politikerrede, ohne dass mindestens einmal »Wettbewerbsfähigkeit« angemahnt oder ein »Pakt für Wettbewerbsfähigkeit« gefordert wird. Dabei geht es immer um tiefere Löhne und um weniger Staat. Unklar bleibt allerdings, wer im Vergleich zu wem wie wettbewerbsfähig sein muss und ab welchem Punkt die Wettbewerbsfähigkeit erreicht ist. Selbst ein hoher Leistungsbilanzüberschuss reicht offensichtlich nicht. Irgendwie scheinen alle davon auszugehen, dass alle gegenüber allen anderen immer noch wettbewerbsfähiger werden könnten.

Doch die Konkurrenz zwischen Staat und Unternehmen hat noch eine weitere Dimension. Beide produzieren Güter und Dienstleistungen unterschiedlicher Art, die vom gleichen Finanz- und Zeitbudget zehren. Vereinfacht gesagt stellt der Staat öffentliche und die Privatwirtschaft private Güter her. Öffentliche Güter sind etwa Sicherheit, das Rechtssystem und die Verkehrsinfrastruktur. Diese Güter und Dienstleistungen stehen allen zur Verfügung und können nur gemeinsam genutzt werden. Dann gibt es halböffentliche Güter wie etwa Schulen oder das Gesundheitswesen. Diese Leistungen werden zwar individuell in Anspruch genommen, doch es ist sinnvoll, sie kollektiv zu finanzieren, weil man beispielsweise die Kinder armer Eltern nicht von der Schule ausschliessen will. Oder weil auch reiche Leute lieber jeden Monat 400 Euro Krankenkassenprämie zahlen, statt bei einer schweren Krankheit das Haus verpfänden zu müssen. Die Privatwirtschaft hingegen verkauft vor allem Güter und Dienstleistungen, die privat genutzt und finanziert werden. Sie ist deshalb daran interessiert, dass die Privathaushalte möglichst wenig für staatliche Leistungen ausgeben müssen.

Das ist deshalb ein Problem, weil sich die Bedürfnisse mit steigender Produktivität verschieben. Noch vor hundert Jahren wendete der Normalverbraucher 80 Prozent seiner Arbeitszeit und seines Budgets für Nahrungsmittel, Kleider, Wohnen und Heizen auf – private Güter, die dank der harten Preiskonkurrenz der Marktwirtschaft mit zunehmender Effizienz hergestellt werden können. Heute machen diese Posten keine 30 Prozent des durchschnittlichen Bruttoeinkommens mehr aus. Dafür verschlingen die Ausgaben für öffentliche oder kollektiv finanzierte Leistungen schon gut ein Drittel des Budgets. Neue Jobs entstehen deshalb fast nur noch in diesen Sektoren (mehr dazu in Kapitel 7). Die Verschiebung zugunsten öffentlicher Aufgaben innerhalb der Bedürfnispyramide hat nichts mit Ideologie zu tun. Sie entspricht vielmehr der ökonomischen Logik. Bei den Industriegütern erhöht sich die Produktivität jährlich um 3 bis 5 Prozent. Selbst wenn der Konsum dieser Güter um 2 Prozent zunimmt, wird die Arbeit in diesem Sektor jährlich um 1 bis 3 Prozent weniger. Bei den Dienstleistungen hingegen nimmt die Produktivität, wenn überhaupt, nur langsam zu. Zudem wirkt auch da das Gesetz des abnehmenden Grenznutzens. Die ersten 1500 Kalorien sind lebensnotwendig. Die nächsten 500 sind leistungssteigernd. Die folgenden 200 dienen dem Genuss. Alles darüber schmälert – zumindest langfristig – die Lebensfreude. Ein Fernseher pro Familie genügt, um uns auf dem Laufenden zu halten. Einer in jedem Zimmer macht uns einsam.

Mit steigender Produktivität verlagert sich also der Bedarf von den Industriegütern zu den Dienstleistungen, im Endeffekt eine Verschiebung von privaten zu kollektiven Gütern. Hinzu kommt, dass der Tag nicht mehr als 24 Stunden hat und dass auch der Konsum Zeit verschlingt. Je mehr wir pro Stunde produzieren, desto mehr verschiebt sich unser Zeitbedarf von der Arbeit zur Frei- oder Konsumzeit. Dieser Wandel von Konsumbedürfnissen und Zeitbudgets vollzieht sich nicht von selbst. So ist es beispielsweise viel einfacher, private Güter zu finanzieren: Jeder und jede zahlt, was er oder sie braucht. Bei kollektiven Gütern ist das viel schwieriger, weil es keine klare Verbindung von Leistung und Gegenleistung gibt. Auch die Verkürzung der Arbeitszeit müsste kollektiv organisiert werden. Geschieht dies nicht, wird die Arbeitssuche zu einem nervenaufreibenden und volkswirtschaftlich extrem teuren Sesseltanz.

Offensichtlich ist es in den letzten Jahrzehnten nicht gelungen, dieses Dilemma zu lösen. Wir sind immer weniger in der Lage, unsere Bedürfnisse nach mehr Freizeit und öffentlichen Gütern zu erkennen und uns im Hinblick auf ihre Befriedigung zu organisieren. Die Folgen dieses Unvermögens sind grotesk: Zwar steigt die Produktivität (wenn auch verzögert) weiter an, dennoch nimmt in fast allen westlichen Industrieländern das materielle Einkommen der Durchschnittsbürger seit mehr als zehn Jahren ab, während der Stress stark zunimmt. Der wichtigste Grund für dieses Versagen liegt in der Übermacht der (globalen) Unternehmen gegenüber Staat und anderen Marktteilnehmern, insbesondere Arbeitnehmern sowie kleinen und mittleren Unternehmen. Diese Übermacht führt dazu, dass wir keinen Effizienz-, sondern bloss noch einen Ausbeutungswettbewerb erleben. Die Unternehmen erzielen ihre Kostenvorteile nicht mehr durch effizientere Produktion, sondern indem sie Arbeitnehmer und Staat ausbeuten. Zudem verwenden sie einen immer grösseren Anteil ihrer Ressourcen darauf, Bedürfnisse zu wecken und Konsumenten zu manipulieren.

Alles in allem ist die gesellschaftliche Bilanz der Organisationsform »Unternehmen« verheerend. Sie hat uns zwar in der Vergangenheit einen enormen Effizienzvorteil gebracht, doch dieser Vorteil hat sich durch das Gesetz des abnehmenden Grenznutzes verbraucht und mangels echter Preiskonkurrenz ins Gegenteil verkehrt. Grosse Unternehmen arbeiten heute – jedenfalls im volkswirtschaftlichen Sinn – ineffizient. Noch schwerer wiegt, dass die Dominanz der globalen Grossunternehmen unsere Gesellschaft desorganisiert. Andere wichtige soziale Organisationen werden in ihrer Funktion behindert. Das ist nicht nur ein materieller Schaden, denn Wertschöpfung findet auch ausserhalb der Geldwirtschaft statt. Nicht zuletzt die psychischen Schäden sind enorm: Menschen brauchen stabile soziale Beziehungen, sie brauchen das Gefühl, das Schicksal selbst in die Hand nehmen zu können. All das kommt uns durch die Globalisierung abhanden.

Bevor wir uns jedoch der Frage zuwenden, wie wir die lokalen und familiären Strukturen wieder stärken können, müssen wir uns einer anderen bedeutenden gesellschaftlichen Institution widmen – den Finanzmärkten. Sie spielen nicht nur eine wesentliche Rolle bei der Steigerung von Ungleichheit und dem zunehmenden Zerfall der Gesellschaft. Sie sind auch ihrerseits Opfer der Globalisierung geworden. Kaum eine andere Institution wurde durch das weltweite Marktgeschehen so gründlich desorganisiert – und diskreditiert.

KAPITEL 6

Finanzkrise ist, wenn Autobauer Fussgängerlöhne zahlen

Entschuldigen Sie die vielen Zahlen: Doch in diesem Kapitel geht es um komplexe volkswirtschaftliche Zusammenhänge. Deshalb soll die wesentliche theoretische Erkenntnis gleich vorneweg am Beispiel von Thomas Urbanek[24] illustriert werden: Der gelernte Motorfahrzeugtechniker montiert in der Nähe von Dresden Reifen auf Autoräder. Urbanek arbeitet zwar für und bei BMW, hat aber einen Arbeitsvertrag mit der Firma Schadl, die ihrerseits mit BMW einen Werkvertrag abgeschlossen hat. Für BMW bedeutet das eine monatliche Einsparung von 1300 Euro, für Urbanek heisst das, dass er mit etwa 1900 Euro brutto oder rund 1300 Euro netto durchkommen muss. Sein Lohn ist abhängig von der Anzahl der Werktage pro Monat und von der Auftragslage der Firma Schadl. Angesichts dieser schmalen und unsicheren finanziellen Basis denkt der inzwischen 28-jährige Urbanek noch immer nicht ernsthaft daran, eine Familie zu gründen. Doch das ist in unserem Zusammenhang nicht so wichtig wie die Tatsache, dass sich Urbanek von seinen 1300 Euro noch nicht einmal einen Gebrauchtwagen leisten kann. Sogar der öffentliche Verkehr ist für ihn eigentlich zu teuer. Urbanek arbeitet zwar für einen Autobauer, erhält aber nur einen Fussgängerlohn.

---

24 »Mittendrin und nicht dabei«, *Spiegel,* 18.11.2013, Ausgabe Nr. 47, S. 78.

Urbaneks Geschichte ist mehr als eine Anekdote. In der modernen Wirtschaft gibt es Hunderte von BMWs und Abermillionen von Urbaneks. Das Geld, das den Urbaneks fehlt, sammelt sich in den Kassen der BMWs. Investiert wird nur das wenige, das es braucht, um der schwachen Nachfrage der Urbaneks zu genügen. Der grosse Rest des Gelds (die Nettofinanzierungüberschüsse) fliesst in die Banken und auf die Kapitalmärkte, wo es verzweifelt eine Anlage sucht – und letztlich vom Staat wieder in Umlauf gebracht wird. Kurz zusammengefasst: Wenn Autobauer Fussgängerlöhne zahlen, muss der Staat bei den Banken betteln gehen.

Gemäss der offiziellen Theorie läuft dieselbe Geschichte ganz anders ab: BMW kürzt nicht nur den Urbaneks (also den Zeit- und Werkvertragsarbeitern) die Löhne, sondern allen, auch den Direktoren. Doch dann zwingt die harte Preiskonkurrenz alle Unternehmen, die Preise entsprechend zu senken. Am Schluss sind real gesehen alle reicher, und BMW macht nur einen kleinen Gewinn, der nicht einmal reicht, um die Investitionen vollständig zu finanzieren. Sollten aber doch massenhaft Überschüsse auf den Finanzmärkten landen, dann liegt die Ursache dafür – immer noch gemäss der offiziellen Theorie – in den Finanzmärkten. Und dort wird dann auch die Lösung gesucht. Willkommen in der Scheinwelt des Quantitative Easing (QE), der Abenomics und der Outright Monetary Transactions (OMT). Die drei Begriffe stehen dafür, dass die Notenbanken Japans (Abenomics), der USA (QE) und Europas (Draghi-Programm) im grossen Stil Schulden der eigenen Staaten auf dem Sekundärmarkt aufkaufen. Partner dieser Transaktionen sind nicht die verschuldeten Staaten direkt – das gälte als unseriös –, sondern die Geschäftsbanken. Diese zeichnen die Schuldscheine der Regierungen und tauschen diese langfristigen und relativ dubiosen Guthaben postwendend gegen solide, kurzfristige Guthaben gegenüber ihrer Zentralbank ein. Das bewahrt sie vor Abschreibern und versorgt sie mit Liquidität, also mit sofort realisierbaren Guthaben gegen einen erstklassigen Schuldner.

Der Hauptzweck, der damit verfolgt wird, drückt sich am ehesten im Namen des US-Programms Quantitative Easing (mengenmässige Lockerung) aus. Gelockert werden sollen die Bedingungen, zu denen sich Haushalte und Unternehmen Kredite verschaffen können – auf zweifache Weise: Erstens werden die Kredite billiger, weil die Banken ein Interesse daran haben, ihre zinslosen Guthaben gegenüber den Zentralbanken gegen einen bescheidenen Aufzins an gute private Schuldner weiterzugeben. Zweitens soll das billige Zentralbankgeld an den Börsen und in den Immobilienmärkten Preissteigerungen bewirken. Dadurch steigt mit dem Vermögen von potenziellen Schuldnern auch deren Kreditwürdigkeit. Damit – so hofft man – werden Nachfrage und Geld in die reale Wirtschaft zurückgepumpt. Das Pumpwerk, das zu diesem Zweck installiert wurde, ist gigantisch: Bei Redaktionsschluss dieses Buches lagen auf Konten der Bank of Japan 2300 Milliarden Dollar, auf jenen der Fed 3700 Milliarden, bei der EZB 3300 Milliarden und bei der Bank of England umgerechnet 500 Milliarden Dollar.

Standortvorteile durch Abwertung

Doch auch andere Staaten machen mit. So hat etwa die Schweizer Nationalbank seit September 2011 für nicht weniger als 450 Milliarden Franken Devisen, sprich ausländische

Staatsanleihen, aufgekauft. Der Fall der Schweiz zeigt übrigens einen der Pferdefüsse der mengenmässigen Lockerung. Indem die Schweizerische Nationalbank Devisen aufkauft, schwächt sie nämlich die eigene Währung und verbilligt dadurch die Schweizer Exporte. Oder anders gesagt: Sie stoppte eine massive Aufwertung des Frankens. Auch die Abenomics hatten den erklärten Zweck, den Yen zu schwächen und dadurch Japans Exportindustrie zu stärken. Beides ist gelungen. Die diversen Varianten des Quantitative Easing sind also im Wesentlichen ein Nullsummenspiel. Die Länder oder Wirtschaftsblöcke jagen sich gegenseitig die Nachfrage ab, ohne selbst neue zu schaffen.

Doch woher kommen die inzwischen weit über 10 000 Milliarden Dollar der diversen QE-Programme? Die meisten Kommentatoren und Politiker gehen davon aus, dass diese »Liquidität« von den Zentralbanken aus dem Nichts geschaffen worden sei, dass damit die Kapitalmärkte »mit Liquidität überschwemmt« würden und dass diese Liquidität von denselben Zentralbanken irgendwann wieder »abgeschöpft« werden müsse. Das Thema wird also rein finanztechnisch abgehandelt, ohne Rückkoppelung zur Realwirtschaft. Das ist falsch. Die »Schaffung von Liquidität« ist nämlich nichts anderes als die Umwandlung von langfristigen Schulden in kurzfristige Schulden der Zentralbanken. Das eigentliche Schuldverhältnis bleibt bestehen. Neu ist nur, dass sich die Zentralbank zwischen Schuldner und Gläubiger schiebt und eine Garantiefunktion übernimmt. Damit schafft sie übrigens nicht nur Liquidität, sondern bewahrt nebenbei auch noch das Finanzsystem vor dem Kollaps.

Die Frage ist also nicht, woher die Liquidität rührt – natürlich von den Zentralbanken – sondern wie die Wirtschaft dazu kommt, diesen ständig steigenden Berg von Schulden und Guthaben überhaupt erst entstehen zu lassen. Solange dieses Problem nicht erkannt, geschweige denn gelöst ist, wird die Schuldenkrise immer weiterschwelen.

Das bringt uns zurück zur Wettbewerbspolitik, zu den Grosskonzernen und zu ihren Monopolgewinnen. Um den Zusammenhang von Monopolgewinnen und Schuldenbergen verständlich zu machen, unternehmen wir einen kurzen Abstecher in die volkswirtschaftliche Gesamtrechnung. Das ist übrigens keine esoterische Spezialdisziplin, sondern bloss der Gesamtzusammenhang, aus dem alle Zahlen über Staatsdefizite, private Sparquoten, Exportüberschüsse, Leistungsbilanzdefizite, ja sogar »Wettbewerbsfähigkeit« herausgerissen werden. Wir fügen also bloss wieder zusammen, was zusammengehört und mitgedacht werden muss.

Die volkswirtschaftliche Gesamtrechnung jedes Landes hat vier Hauptkonten oder Sektoren: die Privathaushalte, die Unternehmen, den Staat und das Ausland. Am Ende eines Jahres schliesst jeder Sektor mit einem Überschuss oder einem Defizit ab. Alle Überschüsse und Defizite ergänzen sich zu null. Dasselbe gilt für alle Forderungen und Schulden der Sektoren untereinander. Es gelten die Regeln der doppelten Buchhaltung. Im Normalfall schliessen der Staat und die Unternehmen das Jahr mit einem leichten Defizit ab. Das heisst, sie finanzieren einen Teil der Investitionen, indem sie sich bei den beiden übrigen Sektoren verschulden. Die Privathaushalte hingegen erzielen Überschüsse. Sie legen Geld für schlechte Zeiten und für ihre alten Tage beiseite und stellen es den übrigen Sektoren zur Verfügung. Beim Sektor Ausland hat das Jahresergebnis kein festes Vorzeichen, je nach Lage der Konjunktur ist es mal positiv, mal negativ.

Dieser Normalfall bedeutet auch, dass die Schulden üblicherweise in etwa gleich schnell steigen wie der reale Kapitalstock einer Wirtschaft. Diese Normalität entspricht dem Lehrbuch der vollkommenen Marktwirtschaft: Die Unternehmen müssen gute Löhne bezahlen, um genügend Personal einkaufen zu können. Und sie dürfen weder zu hohe noch zu tiefe Preise verlangen, weil sie sonst Pleite machen oder durch günstiger anbietende Konkurrenten vom Markt gefegt werden.

Doch seit rund 20 Jahren hat sich diese Normalität in einem wichtigen Punkt verändert: Die Finanzierungsdefizite der Unternehmen sind zunächst immer kleiner geworden und haben sich dann in Finanzierungsüberschüsse verwandelt. Dieser Trend ist in praktisch allen Ländern zu beobachten. Kein Wunder: Fast überall haben die Unternehmen durch Fusionen an Marktmacht gewonnen. Sie können auf den Produktemärkten höhere Preise durchsetzen, dank Verlagerungsdrohungen tiefere Löhne zahlen, Staaten oder Standorte gegeneinander ausspielen und die Steuern senken. Und es kommt noch etwas hinzu: Seit den 1990er Jahren haben Hegdefonds-Manager entdeckt, dass sie riesige Gewinne machen können, wenn sie Zulieferer (etwa von Autoteilen) horizontal zusammenschliessen. Damit schalten sie in diesem spezifischen Sektor die Konkurrenz aus, können die Preise erhöhen, die Produktion zusammenlegen, Kapazitäten und Investitionen auf ein Minimum reduzieren und so fette Margen einfahren.[25]

In Deutschland sind die Anteile der Ausgaben an der Bruttowertschöpfung der Unternehmen zwischen 1992 und 2013 um nicht weniger als 13,1 Prozentpunkte zurückgegangen, der

---

25 Vgl. Barry C. Lynn, *Cornered: The New Monopoly Capitalism and the Economics of Destruction,* John Wiley and Sons, 2011.

Anteil der Investitionen sank von 21,8 auf 14,6 Prozent, der Lohnanteil ging von 67,8 auf 62,3 Prozent zurück, und dennoch schrumpften auch die Gewinn- und Vermögenssteuern: von 4, 6 auf 4,3 Prozent. Dem stehen die entsprechenden Veränderungen bei der Gewinnverwendung entgegen: Der Anteil der Dividenden und Kapitalrückzahlungen stieg um 4,3 Prozentpunkte, und das einstige Nettofinanzierungsdefizit von 6,1 Prozent der Bruttowertschöpfung verwandelte sich in einen Überschuss von 2,3 Prozent. Das sind nicht Nuancen, da liegen Welten dazwischen.

Hinzu kommt, dass die Unternehmen auch die Löhne zunehmend einseitig verteilt haben. Diese Zahlen werden allerdings in der volkswirtschaftlichen Gesamtrechnung nicht erfasst. Im Jahresbericht 2011 des Sachverständigenrates finden sich jedoch interessante Anhaltspunkte. Danach ist der Anteil der ärmsten 80 Prozent der deutschen Haushalte an allen Markteinkommen (Löhne, Dividenden und Zinsen) zwischen 1999 und 2009 um 3,4 Prozentpunkte gesunken; jener des reichsten Zehntels ist um 3,4 Prozentpunkte gestiegen.

Die zunehmende Macht der Unternehmen hat nicht nur in Deutschland eine massive Umverteilung verursacht. Das zeigt vor allem die Entwicklung der Finanzierungssalden. Hier einige Daten: Von 2002 bis 2012 hat der US-Unternehmenssektor nur in zwei Jahren keine Nettofinanzierungsüberschüsse erzielt. 2009 bis 2013 betrug der positive Saldo im Schnitt 4,1 Prozent des Bruttoinlandprodukts (BIP). Deutschlands Unternehmenssektor erzielt seit 2002 regelmässig Nettofinanzierungüberschüsse von 2 bis 3 BIP-Prozenten. Japans Unternehmenssektor war 2011 fast 8 BIP-Prozente im Plus. In der Schweiz erreichte der Unternehmenssektor 1993 erstmals einen Überschuss. Sieht man von der Bankenkrise 2008 ab, sind die Überschüsse seit 1996 chronisch geworden. In den Jahren 2009 bis 2011 erreichten sie im Schnitt 4 Prozent des Bruttoinlandprodukts. Dazu kommen noch Sparüberschüsse der Privathaushalte und des Staates von rund 7,5 und 0,5 BIP-Prozent. Entsprechend musste sich das Ausland jährlich im Umfang von (zusätzlich) rund 12 BIP-Prozent bei der Schweiz verschulden.

Erzielt ein wichtiger Sektor anstelle von Defiziten plötzlich laufend Überschüsse, muss sich zumindest ein anderer Sektor mehr verschulden. Da die Privathaushalte seit jeher mehr sparen als investieren, wird die Last der Anpassung (an die Überschüsse der Unternehmen) überwiegend vom Staat getragen. Interessant und beunruhigend ist die Entwicklung im Sektor Ausland. Während sich früher kleine Defizite und Überschüsse regelmässig abwechselten, dominieren seit etwa zehn Jahren grosse und chronische Defizite und Überschüsse.

Um die Bedeutung dieser Verschiebungen zu verstehen, hilft eine kurze Bilanz der Eurozone zwischen 2009 und 2012. In diesen vier Jahren erzielten die Unternehmen Überschüsse von rund 700 Milliarden Euro. Gleichzeitig sparten die Privathaushalte rund 1300 Milliarden Euro, fast doppelt so viel wie in den vier Jahren zuvor. Der Grund: Die armen Haushalte konnten sich vor der Bankenkrise noch verschulden, nachher nicht mehr. Die reichen Haushalte hingegen sind noch reicher geworden (siehe Deutschland) und konnten deshalb noch mehr sparen. Diesen rund 2000 Milliarden Euro zusätzlichen Guthaben des privaten Sektors steht in der volkswirtschaftlichen Gesamtrechnung Europas ein Verlust von rund 1800 Milliarden bei den Staatskassen und von 200 Milliarden beim Nicht-Euro Ausland gegenüber. Im Sektor Ausland sind aber vor allem die Verschiebungen innerhalb der

Euro-Länder interessant. In den Jahren 2009 bis 2012 erzielten
Deutschland und die Niederlande zusammen gut 740 Milliarden Euro Überschuss, während Spanien, Frankreich und Ita-
lien gut 500 Milliarden Defizit anhäuften. Diese Kumulation
von Schulden und Guthaben war nur möglich, weil die Banken sie finanzierten. Anfänglich war es der Boom an den Immobilienmärkten und an den Börsen, der die Banken und
Haushalte in die Lage versetzte, Kreditlimiten zu erhöhen und
den laufenden Konsum zu finanzieren. In dieser Zeit blähte
sich das Finanzsystem enorm auf, die Boni der Bankmanager
wuchsen ins Astronomische. Als diese Blase 2008 platzte,
führte dies bekanntlich beinahe zum Kollaps des Finanzsys-
tems. Die Sparüberschüsse der Unternehmen gingen aber nur
wenig und lediglich vorübergehend zurück; sie wurden fortan
vorwiegend durch Staatsschulden finanziert. Die US-Haus-
halte etwa bezogen 2013 bloss 5864 Milliarden Dollar Lohn
aus der Privatwirtschaft, aber 2430 Milliarden Dollar staatliche Transferzahlungen. Per Saldo musste der Staat circa
900 Milliarden in die Wirtschaft pumpen, damit sich die Privathaushalte die Produkte der Unternehmen trotz tiefer Löhne
und hoher Preise leisten konnten.

Zentralbanken als Notnagel

Doch während sich die USA solche Defizite offenbar erlauben
konnten, stiessen andere Staaten bald an die Grenzen ihrer
Kreditwürdigkeit. Deshalb mussten ab 2011 vermehrt die Zentralbanken einspringen. Sie taten dies zunächst im Rahmen
ihres gewohnten Instrumentariums. Dann brauchte es die zu
Beginn dieses Kapitels erwähnten Spezialprogramme Quanti-

tative Easing, Abenomics, Draghi-Plan oder in der Schweiz die Kursfixierung der Nationalbank. Die eigentlichen Gründe der Bankenkrise – die anhaltenden riesigen Überschüsse des Unternehmenssektors – gerieten völlig aus dem Blickfeld. Denn die Banken und ihre überbezahlten Topmanager boten sich als perfekte Sündenböcke an.

Aus heutiger Sicht gilt es als ausgemacht, dass die Krise eine Finanzkrise ist und die Realwirtschaft einem schlecht organisierten, kriminellen Finanzsystem und seinen geldgierigen, überbezahlten Managern zum Opfer gefallen war. Eine Minderheit der Kritiker zielt auf die Zentralbanken. Deren Politik des billigen Geldes habe die Kreditexzesse der Geschäftsbanken erst möglich gemacht. Deshalb soll nun mit höheren Eigenkapitalquoten, mit dem Verbot von Leerverkäufen oder mit Euro-Anleihen die Bankenkrise überwunden und die Wirtschaft wieder zum Laufen gebracht werden. Inzwischen fordert jeder Bankökonom, der etwas auf sich hält, dass die Europäische Zentralbank den »Transmissionsmechanismus der Geldpolitik« endlich wieder in Ordnung bringen müsse.

Da ist natürlich etwas dran. Aber insgesamt verhält es sich genau umgekehrt: Das Finanzsystem ist Opfer eines tiefgreifenden Strukturwandels in der Realwirtschaft. Das ergibt sich aus der buchhalterischen Logik der volkswirtschaftlichen Gesamtrechnung: Solange der Unternehmenssektor Finanzierungsdefizite schreibt, also die Investitionen (teilweise) mit Kredit finanziert, stehen hinter diesen Krediten Sicherheiten in Form von Produktionskapital. Haben die Unternehmen hingegen Überschüsse erzielt, so bedeutet dies, dass die Banken laufenden Konsum finanziert haben – ohne irgendwelche Sicherheiten. Unter diesen Umständen ist es unvermeidlich, dass immer mehr Banken auf faulen Krediten sitzen, wodurch ihr Eigenkapital erst schmilzt und dann schwindet. In einer solchen Wirtschaft ist es völlig normal, dass die Kredite an die Realwirtschaft zurückgehen: Die grossen Unternehmen brauchen keine, weil sie selbst mehr als genug Geld haben, und die meisten kleinen Zulieferer sind wirtschaftlich zu schwach, um kreditwürdig zu sein. Mit dem Transmissionsmechanismus der Geldpolitik hat all das wenig zu tun.

Warum aber spielen diese offensichtlichen Zusammenhänge in der öffentlichen Diskussion kaum eine Rolle? Der Hauptgrund liegt sicher darin, dass uns die globale Wirtschaft in ihrer Komplexität überfordert. Wir sind offensichtlich nicht in der Lage, dieses Konstrukt richtig durchzudenken, geschweige denn zu lenken. Die Menschen brauchen einfache Erklärungsmuster, auch wenn dabei die Vernunft und die buchhalterische Logik auf der Strecke bleiben und an deren Stelle die Moral siegt. Zu sparen und Überschüsse zu erzielen, gilt als edel, Schulden zu machen hingegen als verwerflich. Deshalb richtet sich der Zeigefinger auf den Staat. Er soll sich gefälligst einschränken und die Schulden abbauen. Wie diese Schulden zustande gekommen sind und wer die entsprechenden Überschüsse zu verantworten hat, danach fragt keiner. Der moralisch Schuldige ist erkannt, das genügt.

Dennoch klammern einige wenige Ökonomen die volkswirtschaftliche Gesamtrechnung in ihrer Analyse nicht aus. Der bekannteste unter ihnen ist Martin Wolf, Chefkommentator der *Financial Times*. Seine Kommentare werden seit einigen Jahren öfter mal von Grafiken illustriert, auf denen man die Entwicklung der Finanzierungssaldi der vier Sektoren verfolgen kann, so etwa am 5. Juni 2013.[26] Im Text lobt Wolf die

---

26 Martin Wolf, »An Outbreak of Frugality in the Euro Zone«, *Financial Times,* 5.6.2013.

Politik des Quantitative Easing. »Aber«, wendet er selbst ein, »die anhaltenden globalen Ungleichgewichte und die massiven Überschüsse des Unternehmenssektors machen eine durchgreifende Erholung unwahrscheinlich.« Die Schlüsse, die Wolf aus seiner Analyse zieht, sind allerdings kaum folgerichtig. Was es brauche, meint er, sei ein »massiver Anstieg der Unternehmensinvestitionen im Vergleich zu den zurückbehaltenen Gewinnen«. Da dies aber wenig wahrscheinlich sei, bleibe vorerst nur die Möglichkeit, die Wirtschaft mit weiteren Finanzblasen zu beleben. Typisch. Wie fast alle »normalen« Ökonomen denkt auch Wolf bloss in finanz- und nicht in realwirtschaftlichen Kategorien. Sonst müsste er wissen, dass zwar einzelne Unternehmen mehr investieren oder Investitionen vorziehen können. Gesamtwirtschaftlich gesehen hängen die Investitionen jedoch allein vom Konsum und vom Stand der Technologie ab. Es braucht eine bestimmte Menge an Investitionsgütern, um eine bestimmte Menge von Konsumgütern herstellen zu können. Längerfristig lassen sich die Investitionen nur über den Konsum steigern. Zu diesem Zweck müssten die Unternehmen nicht mehr investieren, sondern mehr Löhne und Steuern bezahlen. Doch eine solche Forderung kann ein Vertreter eines Finanzblattes schwerlich stellen.

Auch »linke« Ökonomen wie Paul Krugman oder James K. Galbraith (der Sohn von John K.) tun sich schwer, höhere Löhne zu fordern. Als Anhänger von John Maynard Keynes sehen sie Arbeitslosigkeit als Folge einer konjunkturellen Flaute. Ein Schub von zusätzlichen Staatsausgaben sorgt gemäss dieser Theorie dafür, dass die Wirtschaft wieder »zurück ins Gleichgewicht fällt«. Strukturelle (sprich: nicht konjunkturelle) Probleme – wie etwa chronische Finanzierungsüberschüsse des Unternehmenssektors – passen nicht in dieses

Denkschema und sind deshalb in Texten der Keynesianer kein Thema.

Auch Professor Hans-Werner Sinn, eine Art Chefideologe der deutschen Ökonomen, kennt die volkswirtschaftlichen Zusammenhänge. Die Finanzierungsüberschüsse des (deutschen) Unternehmenssektors sind auch ihm ein Dorn im Auge. Sinn erklärt sie aber nicht mit der Marktmacht der Unternehmen, sondern vielmehr mit der Geldpolitik der Europäischen Zentralbank (EZB). Die habe mit ihren (informellen) Garantien falsche Signale gesetzt und ausländische Unternehmen ermuntert, sich zu tiefen Zinsen masslos zu verschulden. Damit habe sie deutsche Firmen angestiftet, ihr Geld statt im Inland in vermeintlich sichere Anlagen im Ausland zu investieren. Entsprechend sieht auch Sinns etwas schlichter Lösungsvorschlag aus: Die EZB solle aufhören, die Defizite der Euro-Südländer zu finanzieren, dann werde alles wieder gut. Damit spricht Sinn allen Moralaposteln aus dem Herzen: Hört endlich auf, die Defizite zu finanzieren. Der Staat soll gefälligst masshalten; auch kein Privathaushalt dürfe mehr ausgeben, als er einnimmt. Doch erinnern wir uns: In der Eurozone erzielen die Unternehmen und die Privathaushalte zurzeit jährlich rund 500 Milliarden Euro Überschüsse. Wenn niemand die entsprechenden Schulden machen beziehungsweise sie finanzieren kann, bricht die Nachfrage für 500 Milliarden Euro weg, das entspräche gut 10 Millionen Jobs.

Denkbar, wenn auch unwahrscheinlich wäre folgende Reaktion gewesen: Die Unternehmen merken, dass sie ihre Produkte ohne staatliche Finanzierungshilfe niemals loswerden, falls sie nicht gleichzeitig die Preise senken, die Löhne erhöhen und dem Staat anständige Steuererträge gönnen. In einem fordistischen System hätten sich Vertreter von Unternehmen,

Staat und Gewerkschaften – beraten von fachkundigen Experten – auf genau diese Lösung geeinigt. In einer Wirtschaft mit atomistischer Konkurrenz hätte der freie Markt genau diese Lösung erzwungen. Im heutigen »Neofeudalismus«[27] hangeln wir uns von Bankenkrise zu Bankenkrise – und landen vielleicht in einem neuen System, für das wir unser Schicksal in die Hände von aufgeklärten Notenbank-Diktatoren legen. Zum Glück ist diese beklemmende Zukunft vermeidbar. Eine bessere ist schon unterwegs.

---

27 Vgl. Lynn, 2011.

KAPITEL 7

90 Prozent einheimisch –
die Wirtschaft ist lokal

Wenn immer Ökonomen und Wirtschaftspolitiker über Arbeitslosigkeit und neue Jobs diskutieren, fällt das Stichwort »innovative Produkte«. Wie einst die Dampfmaschine, das Auto oder die Telekommunikation müsse irgendeine neue Entwicklung der Wirtschaft wieder Schub geben. Was genau? Das könne man nicht sagen, sonst wäre es ja nicht innovativ. Deshalb müsse man bei der Bildung ansetzen, Investitionen in Forschung steuerlich begünstigen, Cluster von neuen Aktivitäten schaffen, bevor es andere tun. Mit der Realität hat dieses Blabla wenig zu tun: Erstens gibt es tendenziell immer weniger und nicht mehr Arbeit. Zweitens ist dafür genau die Innovation verantwortlich. Die überwiegende Mehrheit der »innovativen Produkte« sind nämlich nicht neue oder zusätzliche Erzeugnisse, die neue Bedürfnisse befriedigen; vielmehr bedienen sie meist bisherige Bedürfnisse kostengünstiger, sprich mit weniger Personalaufwand. Innovation schafft keine Stellen, sondern befreit uns von Arbeit. Zusätzliche Jobs entstehen – wenn überhaupt – nur dort, wo die Innovation eben nicht stattfindet und wo Produktivität nicht gesteigert wird.

Das Bureau of Labour Statistics (BLS) in den USA veröffentlichte im Frühjahr 2013 eine Rangliste der 30 Berufe mit dem höchsten erwarteten Zuwachs zwischen 2010 und 2020. Auf dem ersten Platz stehen die registrierten Krankenschwestern mit einem Zuwachs von 712 000 Arbeitsplätzen. An dritter und vierter Stelle erscheint das Hilfspersonal in der Kranken- und Altenpflege (Home Health Aids und Personal Care Aids) mit zusammen 1,3 Millionen neuen Jobs. In beiden Berufsgruppen soll der Bestand allein in den 10 Jahren von 2010 bis 2020 um rund 70 Prozent steigen. Den Schluss der Top 30 bilden noch einmal drei Kategorien von medizinischen Berufen mit insgesamt einer halben Million zusätzlichen Jobs. Auch die Erziehung ist eine Wachstumsbranche. Kinderbetreuung, Hilfslehrer, Grundschul- und Gymnasiallehrer schaffen zusammen gut 900 000 Jobs.

Insgesamt zeigt die Rangliste, dass das Stellenangebot generell schrumpft und eine weitere Verlagerung zu Dienstleistungsjobs stattfindet: Zwischen 2000 und 2020 wird die US-Bevölkerung gemäss dem US-Census Bureau um gut 50 Millionen wachsen, die Zahl der Jobs wird aber bloss um 17,3 Millionen zunehmen. Davon entfallen 22,8 Millionen auf die Dienstleistungsbranche. Alle übrigen Branchen bauen demnach 5,5 Millionen Jobs ab. Wahrscheinlich ist diese Schätzung noch zu optimistisch, denn das BLS geht davon aus, dass der rasante Rückgang der Industriebeschäftigung gestoppt werden kann. Jobmotor Nummer eins ist die Gesundheitsbranche mit 9,3 Millionen neuen Jobs. Weitere 9,3 Millionen Jobs werden in anderen Dienstleistungsbranchen wie öffentliche Verwaltung, Bildung, Hotels, Restaurants oder Unterhaltung geschaffen. Dazu kommen rund 3,8 Millionen Business-Dienstleistungen (Unternehmensberater, Anwälte usw.) hinzu. Auch diese Prognose scheint gewagt. Zwischen 2000 und 2010 hat sich die Anzahl Beschäftigter in dieser Branche kaum bewegt.

In anderen Ländern zeigt sich dasselbe Bild. In der Schweiz etwa sind zwischen 1991 und 2012 insgesamt 196 000 (auf Vollzeit umgerechnete) Stellen neu geschaffen worden, davon allein 156 000 im Gesundheits- und Sozialwesen sowie je rund 35 000 in der öffentlichen Verwaltung und im Erziehungs- und Bildungswesen. Diese drei Branchen allein machen also mehr als 100 Prozent des gesamten Jobwachstums aus. Dazu kommen 88 000 neue Arbeitsplätze bei den technischen und wissenschaftlichen Dienstleistungen. Dabei handelt es sich aber zum grössten Teil um ausgelagerte Tätigkeiten für den Industriesektor, der insgesamt 195 000 Stellen abgebaut hat.

Hinter dieser Entwicklung steckt eine ökonomische Logik: Mit zunehmender Produktivität verschiebt sich die Bedürfnispyramide. Grundbedürfnisse wie Essen, Kleidung und Wohnen verlieren an Bedeutung gegenüber »Luxusbedürfnissen« wie Bildung, Gesundheitspflege oder Ferien. Man vertilgt zwar immer noch täglich 2500 Kalorien, isst aber mehr auswärts, gönnt sich mehr Handgepflücktes und geht öfter mal in die Sauna, zur Physiotherapie oder in die Fussreflexzonenmassage. Der Anteil der Dienstleistungen an der Beschäftigung nimmt aber nicht nur deshalb zu, weil wir uns mehr davon leisten, sondern auch, weil die Produktivitätsfortschritte etwa in der Krankenpflege, in der Bildung und in der Luxushotellerie eher bescheiden sind.

In absoluten Zahlen gesehen mag die Zahl der Jobs zwar steigen, doch gemessen an der Bevölkerung nimmt sie deutlich ab. So nahm etwa die Schweizer Bevölkerung zwischen 1991 und 2012 um rund 2,3 Millionen zu, die Zahl der Vollzeitstellen aber nur um rund 200 000. In den USA wuchs die Bevölkerung zwischen 2000 und 2010 um rund 28 Millionen oder rund 10 Prozent, die Zahl der geleisteten (bezahlten) Arbeitsstunden ist aber um rund 3 Milliarden oder etwa ein Prozent gesunken. Das heisst: Die Menschen nutzen die steigende

Produktivität auch dazu, sich mehr Freizeit zu gönnen. Nur: Falls die Gesellschaft diesen Wandel nicht vernünftig organisiert, verwandelt sich die Freizeit in Arbeitslosigkeit. Vor allem aber macht der technologische Fortschritt die Wirtschaft lokaler. Er erhöht den Anteil der persönlichen Dienstleistungen, die lokal erbracht werden müssen, und er vernichtet Industriejobs und macht so Importe überflüssig.

Die Bedeutung des Aussenhandels wird ohnehin weit überschätzt. In der Schweiz etwa lernt man in der Schule, dass jeder zweite Franken aus dem Export stammt. In gewissen Lehrbüchern ist sogar von einem Exportanteil von 51 Prozent die Rede, doch das ist falsch. Allein schon deshalb, weil die Exporte gar nicht Teil des Bruttoinlandprodukts sind. In dieses fliesst nur die Differenz zwischen den Exporten und den Importen ein. Korrekt ist hingegen folgende Aussage: 71 Prozent von dem, was die Schweiz 2012 konsumierte und investierte, stammte aus eigener Produktion; 29 Prozent aus Importen. Deutschland produziert 73 Prozent und die USA gar 86 Prozent ihres Bedarfs selber. Nur 27 respektive 14 Prozent des Bedarfs wird durch Importe gedeckt. Und was ist mit den für die Schweiz üblicherweise genannten 51 Prozent Exportanteil? Erstens stimmt diese Rechnung nicht, weil darin auch rund 30 Prozent Importe mitgezählt werden. Zweitens beziehen sich die 51 Prozent auf die Produktion, nicht auf den Bedarf. In Ländern mit einem grossen Exportüberschuss – wie in der Schweiz und in Deutschland – fällt dieser Unterschied ins Gewicht.

Die Wirtschaft ist also schon heute weit nationaler aufgestellt, als uns die Apologeten der Globalisierung weismachen wollen. Dieser Trend wird sich weiter fortsetzen, nicht nur wegen der Verschiebung von der Industrieproduktion hin zu

Dienstleistungen; vielmehr sorgt die technologische Entwicklung dafür, dass auch die Industrieproduktion immer nationaler wird. Dank Solar- und Windtechnologie können Länder ohne eigene Öl- oder Kohlevorkommen einen immer grösseren Teil ihres Energiebedarf selbst decken; dank Urban Farming kann man selbst in einer städtischen Umgebung fast den gesamten Kalorien- und Eiweissbedarf selbst produzieren. Das dreidimensionale Drucken eröffnet uns überdies langfristig die Perspektive, fast alle Konsumgüter in kleinen Stückzahlen lokal herzustellen. »Auf gewisse Weise kehren wir in eine vorindustrielle Welt zurück, in der die meisten Konsumgüter in einem Umkreis von 25 Kilometern vom Wohnort erzeugt wurden«, meint Avi Reichenthal, CEO der Firma 3D-Systems, die 1986 als erste ein Patent zur Konstruktion eines 3-D-Druckers eingereicht hatte.[28] Laut Reichenthal existieren für 3-D-Printer praktisch keine Grenzen. In der Medizintechnik würden sie bereits zur Herstellung von Hüft- und Knieprothesen eingesetzt, und auf längere Sicht könne man damit sogar menschliches Gewebe und Organe drucken. Zudem verbrauchten 3-D-Drucker bloss halb so viel Energie wie herkömmliche Verfahren. Inzwischen hat der italienische Pasta-Fabrikant Barilla[29] schon einen 3-D-Pasta-Drucker entwickelt, mit dem man vor Ort Teigwaren in allen gewünschten Formen drucken kann.

Auch die solare Chemie (siehe Kapitel 12) wird den Trend zur lokalen Produktion beschleunigen. Sie stellt ihre Produkte

28 »Der 3-D-Druck wird die dritte industrielle Revolution auslösen«, *Kundenmagazin SwissQuote,* Nr. 6, Januar 2014.
29 »Italienischer Konzern Barilla entwickelt 3D-Drucker für Nudeln«, *NZZ,* www.nzz.ch/wirtschaft/newsticker/italienischer-konzern-barilla-entwickelt-3d-drucker-fuer-nudeln-1.18217893 (Stand: 1.12.2013).

überwiegend mit lokalen Naturrohstoffen her. Zwar werden wir auch in Zukunft noch Eisen, Diamanten und Gold importieren, doch wird es schon bald für alle bisherigen Werkstoffe einen lokal nachwachsenden Ersatz geben.

Dank dem neuen Trend des Teilens (Sharing-Economy) können Autos, Hobby-Geräte oder neuerdings sogar Marken-Jeans intensiver genutzt werden. Die französische Sportartikelkette Decathlon kauft neuerdings gebrauchte Ware gegen Gutschein zurück, hübscht sie auf und verkauft sie billig weiter. Und die Zahl der geteilten Autos in Europa soll sich bis 2020 auf 15 Millionen verzwanzigfachen.[30] Dieser Trend erhöht den Anteil der lokalen Wertschöpfung über die ganze Lebensdauer eines Produkts gesehen enorm. Beispiel: Nehmen wir an, dass ein Mobility-Auto, das in der Schweiz 120 000 Kilometer fährt, gut 120 000 Franken umsetzt. Bei einem Preis von 36 000 Franken ab Grenze, beträgt der Importanteil 25 Prozent. Rechnet man die Wertschöpfung des Fahrens und die Benzinkosten hinzu, sinkt der Anteil gegen 10 Prozent.

Doch das ist erst die halbe Rechnung: Das Bruttoinlandprodukt, auf dem die obige Rechnung beruht, misst nur den Teil der nationalen Wertschöpfung, der gegen Geld gehandelt wird. Doch die Menschen arbeiten nicht nur für Geld, sondern auch aus familiärer Verpflichtung, nachbarschaftlicher Solidarität, politischem Verantwortungsgefühl oder einfach aus Freude. Die bezahlte Arbeit ist genau gesehen nur ein kleiner Ausschnitt aus der gesamten Wertschöpfung. Ein Beispiel: Im Jahr 2010 haben Schweizer Haushalte Nahrungsmittel und alkoholfreie Getränke im Wert von rund 30 Milliarden Fran-

---

30 »For Rent: Trendy Jeans, Washing Maschines«, *Wallstreet Journal*, 2.12.2013.

ken eingekauft. Gemäss den Berechnungen der Ökonomin Mascha Madörin betrug der monetarisierte Wert für das Zubereiten dieser Mahlzeiten jedoch 63 Milliarden Franken.[31] Für das Tischdecken, Wegräumen, Abwaschen kommen weitere 27 Milliarden Franken dazu. Im selben Jahr betrug die Wertschöpfung der Banken und Versicherungen 60 Milliarden Franken. Insgesamt schätzt Madörin den Wert der 2010 geleisteten unbezahlten Arbeit auf 413 Milliarden Franken.[32] Das Bruttoinlandprodukt belief sich in jenem Jahr auf 517 Milliarden Franken und die Lohnsumme auf 337 Milliarden Franken. Gemäss Bundesamt für Statistik wurden 2010 rund 8,3 Milliarden Stunden unbezahlte und 7,3 Milliarden Stunden bezahlte Arbeit geleistet. Bei der Umrechung in Franken ging man davon aus, dass bezahlte Arbeit im Schnitt gut 20 Prozent produktiver oder effizienter sei. Darüber lässt sich natürlich streiten.

Rechnet man die 8,3 Milliarden Stunden unbezahlte und die 7,3 Milliarden bezahlte Arbeit zusammen, so kann man – für die Schweiz – feststellen, dass nur 2,1 Milliarden Stunden (29% von 7,3 Milliarden) oder bloss rund 14 Prozent der gesamten Arbeitszeit für die Herstellung von Exportprodukten und -dienstleistungen aufgewendet wird. 86 Prozent aller Arbeit wird somit von Schweizern für Schweizer, also für die Deckung des nationalen Bedarfs, geleistet. In grösseren Ländern ist der Anteil der nationalen Arbeit noch grösser. In den USA dürfte er deutlich über 90 Prozent liegen.

---

31 Mascha Madörin, »Die Logik der Care-Arbeit. Annäherung einer Ökonomin«, in: Ruth Gurny & Ueli Tecklenburg (Hrsg.), *Arbeit ohne Knechtschaft*, edition 8, 2013.

32 *Care-Ökonomie? Offene Fragen und politische Implikationen. Mascha Madörin und Tove Soiland im Gespräch*, Denknetz, Jahrbuch 2013.

Geld macht (fast) nicht glücklich

Doch diese Betrachtung ist zu einseitig. Moderne Ökonomen
haben inzwischen zu unterscheiden gelernt zwischen dem Ergebnisnutzen und dem prozeduralen Nutzen. Der Ergebnisnutzen der Arbeit ist der Nutzen dessen, was man sich dank der Arbeit leisten kann. Der prozedurale Nutzen (oder Schaden)
kommt aus der Freude (oder dem Leid) an der Arbeit an sich
und davon, wie die Arbeit unsere Lebensumstände beeinflusst.
Was Ökonomen jedoch fast nie ausreichend berücksichtigen, ist
die Tatsache, dass der prozedurale Nutzen zumindest in relativ
satten Ländern den Ergebnisnutzen bei Weitem übersteigt. Andrew Oswald, britischer Ökonom und einer der führenden
Glücksforscher, hat dies plakativ dargestellt. Anhand einer Umfrage bei über 70 000 Briten ermittelte er zunächst, um wie viel –
auf einer Skala von 1 bis 10 – der Glückspegel nach oben schwingt,
wenn das durchschnittliche Einkommen sich verdoppelt (umgerechnet: von 4000 auf 8000 Franken pro Monat). Dann verglich
er diesen Effekt mit den Auswirkungen anderer Wechselfälle des
Lebens (life events) auf das Glücksempfinden. Das sind die Ergebnisse: Verheiratet statt alleinstehend zu sein, erhöht das
Glücksgefühl im gleichen Masse wie eine Lohnerhöhung um
12 000 Franken (bzw. eine Vervierfachung des Einkommens).
Der Schmerz einer Trennung oder das Leid der Arbeitslosigkeit
müssten – bis zum Eintreten des Gewöhnungseffekts – mit
22 000 respektive 46 000 Franken monatlich aufgewogen werden. Eine ausgezeichnete Gesundheit ist im Vergleich zu einer
guten 24 000 und im Vergleich zu einer bloss durchschnittlichen
sogar 82 000 zusätzliche Franken pro Monat wert.

Oswald hat seine These noch anhand einer anderen, auf die
Gesundheit bezogenen Umfrage durchgerechnet und ist auf

nur wenig tiefere Werte gekommen. Ähnliche Auswertungen aus anderen Ländern und anderen Jahren führen zu ein- und derselben Aussage: Zusätzliches Einkommen bringt bereits ab einem relativ tiefen Niveau ziemlich wenig zusätzlichen Nutzen. Wer im Kampf um mehr Lohn oder höhere Effizienz seine Gesundheit oder seine sozialen Beziehungen gefährdet, macht ein sehr schlechtes Geschäft.

Inzwischen weiss man auch ziemlich genau, wie Arbeit beschaffen sein muss, damit sie glücklich – oder krank – macht. Das geht unter anderem aus Studien hervor, in denen selbständige und unselbständige Arbeit verglichen wird. Danach sind zwar die Einkommen aus selbständiger Arbeit im Allgemeinen geringer und schwanken stärker als die aus unselbständiger Arbeit. Der Ergebnisnutzen dieser Arbeit ist also relativ gering. Dennoch sind selbständige Arbeiter durchwegs deutlich glücklicher. Der Hauptgrund dafür liegt offenbar in der Autonomie, im Gefühl, selbst etwas erreichen zu können. In zahlreichen Ländern erhöht der Wechsel von einer unselbständigen zu einer selbständigen Arbeit die Zufriedenheit mehr als eine Verdoppelung des Einkommens. In all diesen Untersuchungen wird die Selbständigkeit nicht etwa mit mies bezahlten Aldi- oder McDonald-Jobs verglichen, sondern mit durchschnittlicher, ganz normal bezahlter Arbeit.

Ähnliches gilt auch für unbezahlte Arbeit. So zeigt etwa eine zwischen 1985 und 1999 sechsmal wiederholte Umfrage bei 22 000 Deutschen, dass Freiwilligenarbeit glücklich macht, und zwar umso mehr, je regelmässiger man sie leistet.[33] Der Unterschied zwischen nie und wöchentlich bringt fast ebenso

---

33 Stephan Meier, and Alois Stutzer, »Is Volunteering Rewarding in Itself?«, http://wwz.unibas.ch/fileadmin/wwz/redaktion/wipo/Alois_Stutzer/ Volunteering_Economica.pdf (Stand: 31.12.2013).

viel Glückszuwachs wie eine Verdoppelung des Einkommens. Die Analyse dieser Zahlen zeigt auch, dass ein selbstverstärkender Lernprozess eintritt. Freiwilligenarbeit macht glücklich, und glückliche Menschen leisten mehr Freiwilligenarbeit. Eine Studie, die 2001 in den USA angestellt wurde, bestätigt diesen Befund: Je mehr Freiwilligenarbeit jemand leistet, desto grösser das momentane Glücksgefühl, die allgemeine Lebenszufriedenheit, die physische Gesundheit und das Gefühl, das Leben im Griff zu haben (mastery), und umso geringer die Anfälligkeit für Depressionen.[34] In den USA wurde ein selbstverstärkender Effekt beobachtet: Je besser sozial integriert jemand ist, desto eher ist er oder sie zu Freiwilligenarbeit bereit, was wiederum die soziale Integration verstärkt.

Laut Untersuchungen des Psychologen Martin Seligman hängt unser Wohlbefinden davon ab, ob wir beruflich und privat einer erfüllenden Tätigkeit nachgehen, befriedigende Beziehungen zu anderen Menschen haben, unser Leben als bedeutungsvoll erleben und erfolgreich sind, also das erreichen, was wir uns vorgenommen haben.[35] Nach diesen Kriterien dürfte die selbständige und die freiwillige Arbeit deutlich mehr prozeduralen Nutzen bieten als die bezahlte Arbeit von Angestellten. Wer freiwillig arbeitet, ist entweder sein eigener Chef oder arbeitet in einem Verbund von Gleichgesinnten. Wer selbständig arbeitet, kann sich autonome Ziele setzen, Erfolge geniessen und etwas Bedeutungsvolles tun. Wer ganz unten in der Hierarchie steht und immer nur Befehlen gehorchen muss,

---

34 Peggy A. Thoits, Lyndi N. Hewitt, »Volunteer Work and Well-Being«, *Journal of Health and Social Behavior,* 2001, Vol. 42, (June): 115–131.
35 Martin Seligman, *Flourish: A Visionary New Understanding of Happiness and Well-being,* Free Pren, 2011.

kann das nicht. Wie sehr dies auf die Stimmung drückt, zeigt die Tatsache, dass Militärdienstleistende in etwa gleich unglücklich waren wie Geschiedene ohne Partner (Zahlen aus der Umfrage in Deutschland).

Fazit: Eine Stunde unentgeltlicher Arbeit bringt deutlich mehr Gesamtnutzen (Ergebnis- und prozeduralen Nutzen) als eine Stunde bezahlter Arbeit. Unbezahlte Arbeit ist zudem überwiegend lokal. Insgesamt dürfte der Anteil der lokal verrichteten Arbeit am Gesamtnutzen also eher deutlich über 90 als bei den oben errechneten rund 86 Prozent liegen. Polemisch gesagt: Die traditionelle Ökonomie dreht sich bloss um einen kleinen Nebenaspekt unseres Lebens.

Der destruktive Kampf um die bezahlte Arbeit

An dieser Stelle drängt sich eine kurze Zwischenbilanz auf: Erstens: Die bezahlte Arbeit ist nur ein Teil der Tätigkeiten, mit denen wir das Gemeinwohl steigern. Zweitens: Wegen der steigenden Produktivität nimmt die bezahlte Arbeit längerfristig laufend ab. Drittens: Innerhalb der bezahlten Arbeit gewinnen die lokalen Dienstleistungen an Gewicht, und das Potenzial für die lokale Produktion von Gütern steigt. Viertens: Die Produktion für den Export beansprucht bereits heute nicht mehr als einen Fünftel der geleisteten Arbeit, und ihre Bedeutung nimmt laufend ab. Fünftens: Viel wichtiger als das Produkt der Arbeit ist deren Qualität und die Art und Weise, wie die bezahlte Arbeit unser Leben organisiert oder desorganisiert.

Aus diesen Fakten müsste sich eigentlich eine klare wirtschaftspolitische Agenda ergeben:

- Förderung der lokalen anstelle der globale Nachfrage;
- Verbesserung der Qualität der Arbeit (mehr Selbstbestimmung, geregelte Arbeitszeiten etc.)
- Rückgang der bezahlten Arbeit organisieren;
- Stärkung der lokalen und familiären Netze.

Stattdessen geschieht genau das Gegenteil. Die Regierungen betreiben Strukturerhaltung. Sie klammern sich mit aller Macht an die veraltete Ordnung einer Gesellschaft, die sich in den vergangenen 200 Jahren immer mehr um die bezahlte Arbeit herum organisiert hat. Sie wollen die »Leute wieder in Arbeit bringen«, wie man in Deutschland sagt, und haben dazu im Wesentlichen zwei Strategien entwickelt: Erstens wollen sie um jeden Preis dort Arbeit schaffen, wo es am wenigsten davon gibt, dort, wo die Zukunft der Arbeit sicher nicht liegt: bei den exportierbaren Gütern und Dienstleistungen. Zweitens wollen sie die Nachfrage nach bezahlter Arbeit schaffen, indem sie diese verbilligen. Auch diese Rechnung kann nicht aufgehen, denn produktive Arbeit schafft per Definition einen hohen Mehrwert, also muss das Entgelt für diese Arbeit eine entsprechend hohe Kaufkraft haben. Produktive Arbeit darf nicht billig sein, sonst schrumpft die Wirtschaft.

Beide Stossrichtungen der offiziellen Arbeitsmarktpolitik sind logische Konsequenzen einer verfehlten Standortpolitik oder eines falsch verstandenen Standortwettbewerbs. Dessen Grundidee ist: Wir wollen das globale Kapital dazu bringen, hier statt dort zu investieren. Zu diesem Zwecke muss man dafür sorgen, dass die eigenen Kosten deutlich unter jenen des bisherigen Standorts oder möglicher Mitkonkurrenten liegen: Moderate Löhne erfüllen diesen Zweck besonders gut, tiefe

Steuern sind auch nicht schlecht, und Investitionszuschüsse sind schon fast eine Selbstverständlichkeit.

Mit dieser Politik kann man spektakuläre Erfolge erzielen: neue Fabriken mit Tausenden von Beschäftigten einweihen, die Verlagerungen von Produktionsstätten vermeiden, Multimilliardäre anlocken. Deutschland verdankt dieser Politik Exportüberschüsse von 6 Prozent des Bruttoinlandprodukts, die Schweiz von gar rund 10 Prozent. Die Kehrseite ist weniger spektakulär. Mit all diesen Massnahmen wird die lokale und die nationale Kaufkraft geschwächt: Arbeitnehmer können weniger ausgeben, weil die Löhne sinken, der Staat muss die Ausgaben drosseln, weil Steuereinnahmen wegbrechen. Mithin kann das Land auch weniger importieren, was wiederum die Exporte der anderen Länder drückt. Das erzeugt eine Abwärtsspirale, der sich Gemeinden, Städte und Länder kaum entziehen können. Andere Standorte verfolgen dieselbe falsche Strategie. Produktionsverlagerungen können für eine Region eine ökonomische Katastrophe bedeuten. Gelingt hingegen eine Neuansiedlung, können auf einen Schlag Hunderte oder gar Tausende von Arbeitsplätzen »geschaffen« und die nächsten Wahlen gewonnen werden.

Die Kosten dieser Standortpolitik lassen sich nicht nur in steigenden Arbeitslosenquoten und sinkenden Wachstumsraten messen. Viel gravierender sind die Schäden am sozialen Kapital. Die auf Export, Wettbewerb und Kostensenkung getrimmte Wirtschaftspolitik zerstört die sozialen und kulturellen Strukturen, die für das Wohlbefinden sehr viel wichtiger sind als der angestrebte – aber immer weniger erreichte und zunehmend ungleich verteilte – Zuwachs an rein materiellem Wohlstand. Wie sehr der Sesseltanz um die immer seltenere bezahlte Arbeit das soziale Leben zumindest der ärmeren

Schichten dominiert und zerstört, zeigt sich nicht zuletzt in Deutschland. Dort hat die Politik des »In-Arbeit-Bringens« längst eine kafkaeske Arbeitsmarkt- und Sozialbürokratie geschaffen, die inzwischen sogar marktgläubige liberale Ökonomen schaudern lässt. So fordert Thomas Straubhaar, Professor für Ökonomie und Direktor des konservativen Hamburgischen Weltwirtschaftsinstituts, ein bedingungsloses Grundeinkommen für alle. Damit könne man hohe administrative Kosten einsparen, die heute entstehen, wenn die zig Bedingungen für die Berechtigung von Arbeitslosengeld überprüft werden müssen.[36] Diese Bedingungen sind in den zwölf Sozialhilfegesetzbüchern (SGB) festgehalten. Jedes Buch enthält dutzende von Paragraphen, zu denen es je einen »Fachlichen Hinweis der Bundesagentur für Arbeit« gibt. So regelt etwa der Hinweis zu Paragraph 10, SGB II, die »Zumutbarkeit von Arbeit«, die ein Sozialhilfeempfänger zu beachten hat, wenn er seinen Anspruch auf Hartz IV nicht verlieren will. Wie hoch die Hürden sind, eine Arbeit als unzumutbar auszuschlagen, zeigt schon die in gespreiztem Beamtendeutsch formulierte, einleitende Bemerkung: »Dieser [Grund für die Unzumutbarkeit] muss aber dabei im Verhältnis zu den Interessen der Allgemeinheit, welche die Leistungen an die Leistungsberechtigten und die Mitglieder der Bedarfsgemeinschaft (BG) aus Steuermitteln erbringt, besonderes Gewicht haben.« Im Klartext: Der Steuerzahler kommt vor dem Sozialhilfeempfänger. Dieser darf eine Arbeit immerhin dann ablehnen, »wenn die Aufwendungen für die angebotene Arbeit höher sind als die Einnahmen aus der Arbeit«. Streng genommen heisst das aber,

---

36 Thomas Straubhaar, »Piraten: Beim Grundeinkommen auf richtigem Kurs!«, *HWWI Standpunkt,* Mai 2013.

dass eine angebotene Arbeit auch dann angenommen werden muss, wenn der Lohn nur leicht höher ist als das Total aus Reise- und anderen Arbeitskosten (etwa Ausgaben für Kinderkrippe). Dass diese Schwelle leicht erreicht wird, zeigt sich daran, dass Arbeit auch dann zumutbar ist, »wenn der Lohn einen Drittel unter dem in der betreffenden Branche und Wirtschaftsregion üblicherweise gezahlten Tariflohn« liegt. Auch alleinerziehende Mütter oder Väter von Kindern ab drei Jahren dürfen eine Arbeit nur dann verweigern, »wenn die Betreuung des Kindes durch Dritte nicht gewährleistet werden kann«.

Sogar die Pflicht, nahe Angehörige zu pflegen, steht einem vollen Arbeitspensum dann nicht entgegen, wenn der Pflegeaufwand 90 Minuten täglich nicht überschreitet. Ab drei Stunden Pflegeaufwand reduziert sich das zumutbare Arbeitspensum auf 6 Stunden täglich. Ab 5 Stunden Pflegeaufwand ist endlich Schluss.

Doch auch die Pendelzeiten, die man in Kauf nehmen muss, sind nicht ohne. Bei einer Arbeitszeit von 6 Stunden oder mehr gelten 3 Stunden tägliche Reisezeit als zumutbar. Für einen Minijob von 4 Stunden täglich muss man Reisezeiten von 2,5 Stunden in Kauf nehmen. In der Schweiz gilt laut Bundesgesetz über die obligatorische Arbeitslosenversicherung eine Arbeit nur dann als »unzumutbar und wird somit von der Annahmepflicht ausgenommen, wenn sie einen Arbeitsweg von mehr als zwei Stunden je für den Hin- und Rückweg notwendig macht«. Dies allerdings nur dann, wenn beim neuen Arbeitsort keine »zumutbare Unterkunft« organisiert werden kann. Im Klartext: Wer Arbeit sucht, muss auch einen Umzug in Kauf nehmen. Das gilt natürlich auch in Deutschland. Ein Umzug ist gemäss Paragraph 10, Absatz 2, Nr. 3, Hinweis 3.3

auch dann zumutbar, wenn er eine doppelte Haushaltsführung nötig macht. Sprich: Die Arbeit rangiert vor Ehe und Familie. Dies gilt auch für den Fall, dass der Arbeitgeber dem Arbeitnehmer per Änderungskündigung einen neuen Arbeitsort zuweist, der einen Umzug nötig macht.

Dies nur ein ganz kleiner Ausschnitt aus dem Paragraphendschungel des SGB II. Für das nicht so pralle Leben der »in Arbeit zu bringenden« Deutschen heisst das in etwa: Wenn dir ein Job für 8 Euro pro Stunde angeboten wird, musst du diesen auch dann annehmen, wenn der Arbeitsort 60 Autokilometer entfernt liegt. Bei steuerlich anerkannten Reisekosten von 30 Eurocents pro Kilometer respektive 36 Euro pro Tag bleiben dir am Ende eines 8-Stunden-Tages noch 28 Euro. Der zuständige Sachbearbeiter in der Bundesagentur für Arbeit wird dir erklären, dass dir gemäss SGB II auch zugemutet werden kann, den Arbeitsweg mit einem Motorroller (zu 13 Cents pro Kilometer) zurückzulegen oder dich einer Fahrgemeinschaft (16 Cents) anzuschliessen. Er sagt dir, in welchem Büro du dich darüber informieren kannst und welche Rechtsmittel dir zur Verfügung stehen. Franz Kafka lässt grüssen.

Deutschland ist kein Einzelfall. In Grossbritannien existieren inzwischen mehr als eine Million sogenannter »Nullstunden-Jobs«. Das sind Arbeitsverträge, bei denen sich der Arbeitnehmer verpflichtet, bei Bedarf des Arbeitgebers zur Verfügung zu stehen. Bezahlt wird bloss die abgerufene Arbeitszeit. Wie das praktisch geht, hat Sophie Growcoot aus Liverpool, Ex-Stewardess bei Ryanair, im Sommer 2013 ihrer örtlichen Unterhausabgeordneten geschildert[37]: »Einmal sei sie um vier

---

37 »Geizen beim Füllen des Tankes kann schon einmal gefährlich werden«, *Tages-Anzeiger*, 12.8.2013.

Uhr morgens angerufen und zum Flughafen beordert worden. Weil es zu dieser Zeit keine öffentlichen Verkehrsmittel gab, musste sie aus eigener Tasche ein Taxi bezahlen. Im Flughafen wurde ihr mitgeteilt, der Flug sei mangels Passagiere gestrichen worden. Danach sei sie heimgeschickt worden, ohne Bezahlung und ohne Entschuldigung.« Ryanair wies die Beschuldigungen mit der Begründung zurück, Growcoot sei gar nicht bei ihr, sondern bei Crewlink Ltd. angestellt gewesen. Sämtliches Kabinenpersonal der Ryanair wird über diese Firma rekrutiert und bezahlt. Ryanair stellt noch nicht einmal die Ryanair-Uniform zur Verfügung. Die muss das Personal für umgerechnet 400 Euro genauso selbst bezahlen wie einen obligatorischen Sicherheitskurs für rund 2000 Euro. Bei einem Lohn von 1100 Euro pro Monat arbeitet man also die ersten 10 Wochen gratis und kann sein Privatleben weitgehend streichen.

Was Deutschland und Grossbritannien vorexerzieren, müssen die anderen Eurostaaten nachvollziehen. Im Namen der »Wettbewerbsfähigkeit« gilt es, Leute um jeden Preis in billige Arbeit zu bringen. Dabei nehmen die Eurobürokraten keinerlei Rücksicht auf gewachsene soziale Strukturen. Den Arbeitssuchenden wird alles zugemutet – lange Arbeitswege, Umzüge, doppelte Haushaltsführung, Kinder ab drei Jahren in der Krippe, begrenzte Zeit für die Pflege von Angehörigen, und all das für Jobs, mit denen man nicht einmal den eigenen Lebensunterhalt, geschweige denn jenen der Kinder bestreiten kann. Wenn schon der Staat mit Arbeitssuchenden so umspringen kann, dann erlauben sich dies gewisse Arbeitgeber erst recht. »Bei Aldi gilt das Prinzip ‹Jeder Mitarbeiter ist grundsätzlich verdächtig›, und man geht davon aus, dass die Mitarbeiter faul sind, nicht arbeiten wollen, Geld unterschlagen wollen, Geld klauen wollen, sich auf irgendwelche Weise bereichern wollen.« Dies berichtete Andreas Straube, ehemaliger Manager von Aldi Süd, im Rahmen eines ARD-Talks im Sommer 2013.[38] Was er bei Aldi erlebt habe, so Straube, habe ihn schockiert: »Die Aufgabe aller Führungskräfte, aller Ebenen, besteht darin, die Mitarbeiter zu kontrollieren und am Arbeiten zu halten.« Thomas Roeb, Professor an der Hochschule Bonn-Rhein-Sieg und Berater zahlreicher Einzelhandelsunternehmen (darunter Aldi und Schlecker), verteidigte den Discounter mit dem Argument, dass solche Praktiken in der Branche üblich seien.

Rein betriebswirtschaftlich sind solche Arbeitsbedingungen vermutlich ineffizient. Die Kosten für Kontrollaufwand, Personalfluktuation und Ladendiebstähle dürften die Einsparungen bei den Löhnen aufwiegen. Aus der Sicht des Gemeinwohls jedoch sind Zustände wie bei Aldi katastrophal. Der geringe Nutzen, den solche Firmen mit ihren Produkten stiften, wird durch den sozialen und psychologischen Schaden bei Weitem egalisiert. Wer bei der Arbeit ständig Misstrauen ausgesetzt ist und kontrolliert wird, riskiert schwere psychische Störungen, die sich selbstverständlich auch auf das Private auswirken.

Die bezahlte Arbeit kann auch dann mit hohen »prozeduralen« Kosten verbunden sein, wenn man bei einem anständigen Arbeitgeber beschäftigt ist. Lange Arbeitswege, Stellenwechsel oder arbeitsbedingte Umzüge können das soziale Leben und damit die Zufriedenheit stark beeinträchtigen. Die Ökonomen Bruno S. Frey und Alois Stutzer von der Universität Zürich haben ausgerechnet und aus Umfragen zur Lebens-

---

38 »Das Aldi-Prinzip – wird Deutschland zur Billig-Republik?«, *ARD-Talk,* 8.7.2013.

qualität ermittelt, wie gross die Nutzeneinbusse ist, wenn »nur« schon der Weg zur Arbeit länger wird.[39] Sie haben das am Beispiel von Deutschland aufgezeigt, wo der tägliche Arbeitsweg im Schnitt zwei Mal 23 Minuten in Anspruch nimmt. Dieser Zeitaufwand müsste mit einer Einkommenssteigerungen von 19 Prozent kompensiert werden, um die Zufriedenheit konstant zu halten. Wer gar je eine Stunde zur Arbeit und zurück fahren muss, bräuchte eine 40-prozentige Lohnerhöhung. Entgegen dieser Erkenntnis gelten in Deutschland, wie bereits erwähnt, sogar Arbeitswege von täglich drei und in der Schweiz bis zu vier Stunden als zumutbar. Dabei sind lange Arbeitswege längst nicht der grösste Stress, den uns »flexible Arbeitsmärkte« auferlegen. Weit schlimmer sind unregelmässige Arbeitszeiten oder Schichtarbeit, wechselnde Arbeitsorte und -stellen sowie Psychostress durch unselbständige Arbeit, Kontrolle und extremen Wettbewerbsdruck. All dies lässt sich zur Not aushalten, wenn neben der Arbeit soziale Strukturen bestehen, in die man sich zurückziehen kann, in denen man sich sicher fühlt, sich austauschen, sich entspannen oder in denen man auch mal etwas selbständig gestalten kann. Doch Familie und Nachbarschaft müssen gepflegt werden. Sie brauchen einen stabilen Zeitrahmen und räumliche Nähe. All das wird vermehrt zur Mangelware. Der Sesseltanz um die bezahlte Arbeit zerstört häufig sogar sie.

---

39 Bruno S. Frey, Alois Stutzer, »Commuting and Life Satisfaction in Germany«, *Informationen zur Raumentwicklung,* Heft 2/3, 2007.

Die Totalisierung der Erwerbswirtschaft

Dies ist nicht etwa ein unwillkommener Nebeneffekt, sondern Ziel einer Politik, die die »Flexibilisierung« zum Selbstzweck erhoben hat. Der frühere deutsche Arbeitsminister Norbert Blüm warnte im Sommer 2013 vor dieser Entwicklung und erhielt viel Zustimmung.[40] Blüm spricht von einer »Totalisierung der Erwerbswirtschaft« zulasten der Familie und meint: »Diese Logik des Egoismus begründet nicht wirklich Freiheit, sondern bloss deren Illusion. Tatsächlich ist die von Familie befreite Gesellschaft widerstandslos der Macht und dem Markt ausgeliefert. In ihr kann ‹durchregiert› werden.« Wie sehr diese von Blüm angeprangerte Logik zumindest in Wirtschaftskreisen bereits verinnerlicht worden ist, illustriert ein Bericht der beiden Italien-Korrespondenten der *Financial Times* über eine geplante Ikea-Fabrik in Pisa.[41] Die beiden Journalisten schienen zwar ein wenig erschrocken darüber, dass sich gleich 28 834 Bewerber für die 200 Jobs beworben hatten und nun zunächst mit einer Computersoftware, dann mit Telefoninterviews, Gruppengesprächen und schliesslich Einzelgesprächen aussortiert werden sollten. Doch sie sahen darin auch ein Zeichen der Hoffnung: »Ermutigend für eine Regierung, welche die Flexibilität fördern will, ist die Tatsache, dass 15 Prozent der Bewerbungen von Arbeitssuchenden ausserhalb der Region stammen.« Im gleichen Sinne wird dann ein Sprecher von Ikea zitiert: »Offenbar sind immer mehr Italiener bereit, ihre Familie und ihre Freunde zu verlassen, um einen Job zu

---

40 »Falsches Glück«, Gastbeitrag von Norbert Blüm, *FAZ am Sonntag*, 28.7.2013.
41 »Optimists Spot Green Shoots amid Italian Economic Gloom«, *Financial Times*, 7.8.2013.

suchen. Das zeigt einen Wandel in der Mentalität der italienischen Arbeitskräfte.« Der geneigte italienische Stellensuchende darf aus dieser Aussage ableiten, dass seine Chancen, bei einem Multi einen Job zu erlangen, umso grösser sind, je weiter die neue Arbeitsstelle von seinem bisherigen Lebensmittelpunkt entfernt ist. Er erbringt damit den Tatbeweis, dass seine Loyalität gegenüber jedem potenziellen Arbeitgeber grösser ist als jene gegenüber Familie und Freunden. Norbert Blüm hat recht, wenn er in diesem Zusammenhang von »Totalitarismus« spricht.

Die vorherrschende Wirtschaftspolitik wirkt sich auch auf die Bevölkerungsentwicklung aus; sie hat einen massgeblichen Anteil an den sinkenden Geburtenraten und an der zunehmenden Zahl von Einpersonenhaushalten. In Deutschland etwa waren 1991 noch 33,6 Prozent aller Haushalte single. 2011 lag der Anteil der Einpersonenhaushalte bereits bei 40,4 Prozent. In der Schweiz ist es nicht viel anders: 1960 betrug der Anteil der Einpersonenhaushalte noch 14 Prozent. 2000 waren es schon 36 und 2010 bereits 37,5 Prozent. In den USA vollzieht sich dieselbe Entwicklung auf einer nur leicht niedrigeren Stufe. Dort ist der Anteil der Single-Haushalte zwischen 2001 und 2011 von 27,9 auf 31,5 Prozent gestiegen. Mindestens ebenso beunruhigend ist die Zunahme von Alleinerziehenden. Das US-Census Bureau hat dazu neulich einen internationalen Vergleich veröffentlicht. Gemessen wurde der Anteil der alleinerziehenden Mütter und (wenigen) Väter als Anteil aller Familien mit Kindern. In allen acht untersuchten Ländern machte sich zwischen 1980 und 2009 ein stark steigender Trend bemerkbar, der nur in Schweden ab 2000 leicht abflachte. In den USA ist der Anteil der Alleinerziehenden zwischen 1980 und 2009 von 19,5 auf 29,5 Prozent gestiegen. Die nächsthöchsten Quoten weisen mit 25 und 24,6 Prozent – fast eine Verdoppelung der Werte von 1980 – zwei weitere angelsächsische Länder auf: Grossbritannien und Kanada. Auch Deutschland liegt mit 21,7 Prozent nicht weit zurück.

Halten wir fest: Erstens: Der Zerfall der familiären und nachbarschaftlichen Strukturen in den westlichen Industriestaaten ist eine Tatsache. Zweitens: Die Flexibilisierung der Arbeitsmärke oder der Sesseltanz um die schwindende Anzahl bezahlter Jobs hat daran einen grossen Anteil. Drittens: Auch rein monetär und materiell gesehen bringt eine höhere Effizienz der bezahlten Arbeit keinen oder höchstens einen sehr geringen zusätzlichen Nutzen, der die nicht-monetären Kosten bei Weitem nicht aufwiegt. Viertens: Dennoch sind die Kräfte, die uns in diese falsche Richtung treiben, offensichtlich stärker. Keine Region, kein Land, ja nicht einmal die EU als Ganzes traut sich, sich aus der Tretmühle des Standortwettbewerbs zu verabschieden.

Spieltheoretisch gesehen haben wir es mit einem Gefangenendilemma zu tun, das nur durch kollektive Absprachen – durch einen »Waffenstillstand« zwischen den Nationen – durchbrochen werden kann. Die wichtigste Abmachung betrifft die Regelung der Arbeitszeiten. Nur wenn es diesbezüglich einen »Waffenstillstand« gibt, lässt sich die Abwärtsspirale stoppen.

KAPITEL 8

Der Tag hat nur 24 Stunden

In der Stammesgesellschaft gibt es keine Arbeitslosigkeit. Keiner arbeitet mehr, als nötig ist, um den Bedarf der Sippe zu decken. In der Agrarwirtschaft war nicht die Arbeitslosigkeit das Problem, sondern der Zugang zu fruchtbarem Land. Und auch in einer modernen Selbstversorgungswirtschaft, in der jeder einen Grossteil des eigenen Bedarfs mit einem 3-D-Drucker, mit Urban Gardening und mit seiner Teilnahme an lokalen Tauschmärkten decken kann, wird Arbeitslosigkeit kein Problem sein. Man hat höchstens mal kein Geldeinkommen. In einer rein nationalen Marktwirtschaft ist Arbeitslosigkeit zwar eine latente Gefahr, aber man kann sie relativ leicht bekämpfen: Konjunkturprogramme verpuffen nicht im Ausland; Steuererhöhungen, mit denen diese Massnahmen finanziert werden, kann sich keiner durch Steuerflucht entziehen; verordnete Kurzarbeit gefährdet nicht die Wettbewerbsfähigkeit einer (nicht vorhandenen) Exportindustrie. In all diesen Fällen lassen sich Angebot und Nachfrage leicht aufeinander abstimmen. Die globalisierte Wirtschaft allerdings scheitert an diesem Koordinationsproblem kläglich.

Zwar ist eine Rückkehr zur Stammesgesellschaft weder denk- noch wünschbar. Auch den wirtschaftlich weitgehend autarken Nationalstaat wird es nie geben. Wir bewegen uns zwar in Richtung einer modernen Selbstversorgungswirtschaft, aber noch hängt der Lebensunterhalt fast aller Menschen entscheidend vom monetären Einkommen ab, und das wird sich so schnell nicht ändern. Folglich kommen wir nicht darum herum, uns zu überlegen, wie wir das erwähnte Koordinationsproblem in der globalisierten Wirtschaft lösen können. Solange wir das Problem der Arbeitslosigkeit nicht zumindest entschärft haben, ist der dringend nötige Strukturwandel zu einer lokaleren Wirtschaft mit einem höheren Anteil an nichtmonetärer Selbstversorgung kaum zu schaffen. Doch das Problem ist lösbar. Es gab eine Zeit, in der die Marktwirtschaft fast genauso funktionierte, wie es in den Lehrbüchern der klassischen Gleichgewichtstheoretiker steht – mit Vollbeschäftigung und steigenden Löhnen für alle. Die Franzosen nennen diese Periode »Trente Glorieuses«, gemeint sind die 30 Nachkriegsjahre bis circa 1980. In den USA spricht man vom Fordismus. Er begann in den späteren 1930er Jahren und setzte sich nach dem Krieg fort. Die Franzosen übernahmen später den Begriff des »Fordism«.

Doch bevor wir uns den Erfolgsfaktoren dieses Wirtschaftsregimes zuwenden, wollen wir zunächst seinen Leistungsausweis in Zahlen festhalten. Wir fokussieren dafür die Periode von 1950 bis 1980, denn für die Jahre vor 1950 liegen keine wesentlichen Zahlen vor, die wir auswerten könnten. Zwischen 1950 und 1980 funktionierte die Wirtschaft zumindest in den westlichen Industriestaaten lehrbuchmässig:

Die Stundenlöhne stiegen in etwa so schnell oder noch etwas schneller als die Produktivität. Theoretische Begründung: Der Wettbewerb sorgte dafür, dass die Produktionsfaktoren Kapital und Arbeit prozentual etwa gleich vom Produktivitätsfortschritt profitierten. Die Löhne entwickelten sich über alle Berufe und Qualifikationsstufen ähnlich schnell. Die Einkommensunterschiede nahmen in diesen 30 Jahren nicht zu, sondern eher ab. Wenn in einem Sektor die Löhne überproportional stiegen, nahm die Nachfrage nach diesen Stellen stark zu, womit sich die Löhne wieder auf das normale Niveau einpendelten.

Die Unternehmen erzielten Gewinne, konnten damit aber nur gut die Hälfte ihrer Investitionen finanzieren. Das restliche Geld mussten sie bei den Banken und bei den Privathaushalten ausleihen. Der Preiswettbewerb sorgte dafür, dass die Unternehmen zwar Gewinne erzielen konnten, aber keine allzu hohen.

Die Arbeitszeit pro Beschäftigten oder pro Kopf der Bevölkerung nahm laufend ab. In Deutschland etwa arbeitete man 1950 im Schnitt noch 2372 Stunden, 1980 waren es bloss noch 1717 Stunden, rund 28 Prozent weniger. In der Schweiz reduzierte sich die jährliche Arbeitszeit um 420 Stunden oder rund 18 Prozent. Theoretische Begründung: Die Arbeitnehmer und Konsumenten sind Nutzenmaximierer. Bei steigender Produktivität optimieren sie ihren Nutzen, indem sie etwas mehr konsumieren und etwas mehr Freizeit geniessen.

Es herrschte praktisch Vollbeschäftigung. Arbeitslosigkeit galt in Europa lange als »amerikanische Krankheit«. Erst nach der Erdölkrise von 1973 stieg in Deutschland die Arbeitslosenquote leicht an. 1980 lag sie bei 3,3 Prozent – ein Tiefstwert, der danach nie wieder erreicht wurde. In konjunkturellen Rückgängen fragen die Unternehmen zwar weniger Arbeit nach, doch weil die Arbeitnehmer ebenfalls Nutzenmaximierer sind, bieten sie bei sinkenden Löhnen weniger Arbeit an, womit das Gleichgewicht auf dem Arbeitsmarkt wiederhergestellt wird.

So weit unsere kurze Charakterisierung des Wirtschaftsregimes der goldenen 30 Jahre zwischen 1950 und 1980. Seither tickt die Wirtschaft ganz anders. Die wichtigsten Merkmale des neuen Wirtschaftsregimes sind:

Zunehmende Ungleichheit: Praktisch überall sind die hohen Einkommen sehr viel schneller gewachsen als die Einkommen der Normalverdiener. In vielen Ländern sind Letztere sogar geschrumpft, allen voran in den USA. Dort liegt heute das Erwerbseinkommen des Durchschnittsverdieners rund 9 Prozent tiefer als 1973, obwohl das Bruttoinlandprodukt pro Kopf im gleichen Zeitraum um 60 Prozent gestiegen ist. In Deutschland liegt das Markteinkommen des Durchschnittsverdieners aktuell etwa 4 Prozent unter dem Niveau von 1990. Der Anteil der Markteinkommen der ärmeren Hälfte der Deutschen ist seit 1999 von 18,6 auf 16,3 Prozent geschrumpft. In den meisten Industriestaaten existiert heute ein wachsender »Niedriglohnsektor«, dessen Einkommen noch nicht einmal ausreichen, um einen Lebensstandard auf dem Niveau der Sozialhilfe zu finanzieren. Die Unternehmen können die Kosten der Arbeit auf den Staat abwälzen.

Steigende Staatsverschuldung: Seit 1980 sind die staatlichen Schulden der EU-Länder von 50 auf 95 und in den USA von 40 auf 120 Prozent des Bruttoinlandprodukts gestiegen.

Steigende Unternehmensgewinne (siehe Kapitel 6). In praktisch allen Industrieländern sind die Reingewinne nach Dividenden und Steuern weit höher als die Investitionen.

Die Zunahme der Arbeitsproduktivität hat sich stark verlangsamt: In Deutschland von 5,2 Prozent (1950–1980) auf 2 Prozent und in der Schweiz von 2,9 auf 0,9 Prozent jährlich. Die beiden Länder brauchen also seit 1980 noch nicht einmal mehr halb so viel jährliches Wirtschafts- oder Nachfragewachstum (2 Prozent in Deutschland und 0,9 Prozent in der Schweiz), um die Beschäftigung konstant zu halten.

Leider hat sich aber die Zunahme der Nachfrage noch stärker verlangsamt: Nach dem Zweiten Weltkrieg gab es überall einen grossen Nachholbedarf. In Deutschland nahm deshalb der Konsum 1980 um jährlich 4 Prozent zu. Danach stieg er im Schnitt nur noch um 1 Prozent. In der Schweiz verringerte sich das Wachstum der Nachfrage von 2,5 auf 0,7 Prozent. Weil die Nachfrage noch langsamer gestiegen ist als die Produktivität, schrumpfte die durchschnittliche Arbeitszeit auch nach 1980 weiter. Das Tempo der Schrumpfung hat sich allerdings verlangsamt, in Deutschland von 1 auf 0,7 und in der Schweiz von 0,7 auf 0,2 Prozent.

Trotz diesem nur sehr langsamen Rückgang der Arbeitszeit ist die Arbeitslosenquote fast überall stark gestiegen. In den Staaten der EU lag die Arbeitslosenquote Ende 2013 auf dem Rekordniveau von 12,3 Prozent. 25 Prozent aller Jugendlichen hatten keine Arbeit.

Die Suche nach dem Knackpunkt

Um die Lücke zwischen Nachfrage und Produktivität zu schliessen, haben immer mehr Länder versucht, Exportüberschüsse zu erzielen, also die Nachfrage im Ausland zu suchen. Da dies nicht allen gelingen konnte, sind die Ungleichgewichte im Aussenhandel stark angestiegen. Deutschland konnte mit der Strategie der Exportüberschüsse rund einen Fünftel der Lücke zwischen Produktivität und Nachfrage schliessen. Der Schweiz gelang dies ab 1990 dank steigenden Leistungsbilanzüberschüssen fast zu hundert Prozent.

Fassen wir zusammen: Das Wirtschaftsregime, das auf den Fordismus folgte, war auch ausserhalb der Eurozone alles andere als glorreich: geringe bis stagnierende Wachstumsraten, Arbeitslosigkeit, zunehmende Ungleichheit und eine immer schnellere Abfolge von Finanzkrisen. Da drängt sich die Frage auf: Worin liegt der entscheidende Unterschied zwischen dem heutigen Wirtschaftsregime und dem Fordismus? Was ist seit mittlerweile mehr als 30 Jahren schiefgelaufen?

Die Frage wurde vor allem Ende der 1980er und Anfang der 1990er Jahre heiss diskutiert. Der bekannteste Vordenker der Fordisten war der US-amerikanische Ökonom John Kenneth Galbraith, der seine These im Buch *The New Industrial State* von 1969 darlegte. In Frankreich versuchten vor allem »Regulationisten« das Erfolgsrezept des Fordismus zu ergründen. Ihr einflussreichster Vertreter war der Wirtschaftshistoriker Robert Boyer. Aus Sicht der Regulationisten war der Fordismus vor allem deshalb ein Erfolg, weil es zwischen den grossen Unternehmen, dem Staat und starken Gewerkschaften eine Übereinkunft gab, die Löhne gleich viel steigen zu lassen wie die Arbeitsproduktivität. Damit wurde sichergestellt, dass dem steigenden realen Output auch eine entsprechende Kaufkraft gegenüberstand. Diese Übereinkunft wurde durch Regulierungen gestützt. Es gab eine gewerkschaftsfreundliche Arbeitsgesetzgebung, zentrale Lohnverhandlungen und – notfalls – staatliche Preiskontrollen. John Kenneth Galbraith war von 1940 bis 1941 unter Roosevelt Direktor der Aufsichtsbehörde zur Kontrolle von Löhnen und Preisen (Office of Price Administration).

Streng genommen sind auch Keynesianer und Neoliberale Regulationisten. Beide Gruppierungen glauben, dass der Staat immer wieder korrigierend eingreifen muss, um die Wirtschaft ins Gleichgewicht zurückzuschubsen. Die Neoliberalen um Milton Friedman wollen dies mit dem Mittel der Geldpolitik und der Zinssteuerung erreichen, die Keynesianer setzen ausserdem auf die Fiskalpolitik, also auf zusätzliche Staatsausgaben zur Ankurbelung der Konjunktur. Die französischen Regulationisten gehen einen entscheidenden Schritt weiter: Sie glauben nicht an ein »natürliches« Gleichgewicht, in das die Wirtschaft – notfalls dank kleiner Korrekturen – immer wieder zurückfällt. Deshalb wollen sie den Ausgleich von Angebot und Nachfrage durch permanentes Nachfrage-Management sicherstellen: durch sozialstaatliche Einrichtungen und konzertierte Lohnpolitik. Aus ihrer Sicht liegt deshalb der grundlegende Fehler des postfordistischen Wirtschaftsregimes darin, dass man auf diese permanente Nachfragesteuerung verzichtet hat.

Die oben skizzierten Fakten stützen diese These nur bedingt: Auch in den »Trentes Glorieuses« des fordistischen Regimes hat die konzertierte Steuerung der Nachfrage (durch Staat, Grossunternehmen und Gewerkschaften) allein nicht genügt, um die Güternachfrage dem steigenden Angebot anzupassen. Die Steigerung der Nachfrage hinkte der Produktivitätssteigerung immer hinterher. Um die Lücke ganz zu schliessen, mussten darüber hinaus die Arbeitszeiten laufend angepasst werden, durch längere Ferien, kürzere Wochenarbeitszeiten und frühes Pensionierungsalter. Ohne diese massiven Arbeitszeitverkürzungen wäre Vollbeschäftigung niemals möglich gewesen.

Erstaunlicherweise ist jedoch die Reduktion der Arbeitszeiten auch bei den Regulationisten kaum ein Thema. In Robert Boyers Grundlagenwerk[42] wird sie nur einmal im Zusammen-

---

42 Robert Boyer, *Théorie de la régulation – l'état des savoirs,* La Découverte, 1995.

hang mit der Dienstleistungsindustrie kurz erwähnt. Wie die Keynesianer und die Neoliberalen gingen auch die Regulationisten davon aus, dass das Gleichgewicht von Angebot und Nachfrage in erster Linie durch eine (mehr oder weniger dirigistische) Steuerung der Nachfrage auf den Produktemärkten hergestellt werden muss. Dabei haben auch die Regulationisten übersehen, dass die Schwachstelle der Marktwirtschaft nicht beim Güter-, sondern beim Arbeitsmarkt liegt. In der klassischen Theorie wird das Gleichgewicht zwischen Arbeits- und Produktemärkten dadurch hergestellt, dass der Konsument und Arbeitnehmer immer nur so viel Arbeit anbietet, wie er zur Deckung seiner Bedürfnisse braucht. Er optimiert Konsum und Freizeit. Dabei setzt die Theorie voraus, dass jeder Arbeitnehmer seine Arbeitszeit individuell frei aushandeln kann, dass er seinen künftigen Bedarf kennt und dass es keine unfreiwillige Arbeitslosigkeit gibt.

Wie sogar Ökonomen unschwer erkennen müssten, ist diese Theorie völlig realitätsfern. Erstens sind die Arbeitszeiten zumindest bei den Produktionsarbeitern nach betrieblichen Gesichtspunkten normiert. Zweitens ist die Zukunft für Arbeitnehmer ungewiss. Sie können die Stelle verlieren, verunfallen oder hundert Jahre alt werden. Bei so viel Unsicherheit besteht die optimale Überlebensstrategie darin, auf Vorrat zu arbeiten und zu verdienen. Besser, sich heute ein wenig einzuschränken, als morgen zu verhungern. Gesamtwirtschaftlich bedeutet dies, dass der Arbeitsmarkt nie durch die Summe der individuellen Entscheide ins Gleichgewicht gebracht werden kann. Tendenziell möchten alle lieber mehr arbeiten (und produzieren) als konsumieren.

Dieses Dilemma kann nur durch kollektives, also politisches Handeln gelöst werden. Und weil man diesen Prozess nicht täglich aufs Neue steuern kann, braucht es dazu Institutionen. Die fordistische Periode war »glorios«, weil solche Institutionen damals aufgebaut und erfolgreich eingesetzt wurden. Aus der Sicht der Gleichgewichtstheorie verfolgten sie vor allem einen wichtigen Zweck: Sie bauten die im Modell nicht vorgesehenen Unsicherheiten bezüglich Einkommen und Bedarf ab. Für den Krankheitsfall gab es obligatorische Krankenversicherungen; das Risiko, Job und Einkommen zu verlieren, wurde durch die Arbeitslosenkasse und lange Kündigungsfristen abgefedert. Für ein sicheres Auskommen im Alter sorgte eine kollektive Rentenversicherung. Dank staatlicher Eingriffe wurde eine zentrale Bedingung des Modells – die Nutzenmaximierung der Arbeitnehmer – wenigstens annähernd erfüllt. Der Sozialstaat schaffte erst die Voraussetzungen, unter denen der Markt lehrbuchmässig funktionieren kann. Deshalb spricht man zu Recht von einer sozialen Marktwirtschaft.

Was geschieht, wenn Risiken wie die erwähnten nicht kollektiv abgesichert werden, zeigt das Beispiel China. Weil die Chinesen für alle Wechselfälle des Lebens finanzielle Reserven anlegen müssen, wird dort nicht einmal die Hälfte des Bruttoinlandprodukts konsumiert. Damit die Beschäftigung nicht dramatisch sinkt, muss die Differenz durch Exportüberschüsse und vor allem durch Investitionen entsorgt werden. Das hat in China bisher vor allem deshalb funktioniert, weil das Bankensystem staatlich gesteuert ist und Investitionen nicht nach betriebs-, sondern nach volkswirtschaftlichen Regeln finanziert werden. Doch solche Staatseingriffe sind viel dirigistischer als in der sozialen Marktwirtschaft, in der der Staat nur die Spielregeln festlegt und ansonsten den Markt spielen lässt. Zudem eignet sich das dirigistische Modell zwar zur Steuerung von

Investitionen, weniger aber zum Ankurbeln des Privatkonsums. Ergebnis: China leidet unter gefährlichen Überinvestitionen. Deshalb haben die Herrscher in Peking seit einiger Zeit den Charme des Sozialstaates entdeckt. Rudolf Traub-Merz von der deutschen Friedrich-Ebert-Stiftung in Schanghai fasste den Stand der innerchinesischen Diskussion schon 2008 zusammen.[43] »Rückgänge in der Exportwirtschaft können auch mittelfristig nur aufgefangen werden, wenn der Binnenkonsum gesteigert und das öffentliche Investitionsprogramm sozialpolitisch begleitet wird. Neben einer allgemeinen Anhebung des Lohnniveaus scheinen sich viele Akteure über den wichtigsten und tragfähigsten Weg einig zu sein: beschleunigter Ausbau des Sozialstaates.«

Ohne Sozialstaat kein Massenkonsum

Die Chinesen haben recht: Ohne gut ausgebauten Sozialstaat lassen sich zumindest in einer hochproduktiven Wirtschaft Angebot und Nachfrage nie auch nur annähernd ins Gleichgewicht bringen. Zusätzlich braucht es aber noch Instrumente zur Glättung konjktureller Schwankungen. Auch sozial gut abgesicherte Arbeitnehmer verspüren nicht immer gleich viel Konsumlust. Und die Unternehmen investieren nicht jedes Jahr gleich viel, weshalb die Beschäftigung schwankt. Bis auf die Vertreter der österreichischen Schule sind sich die Ökonomen einig, dass der Staat Instrumente braucht, um solche Schwankungen auszugleichen. Sie haben die letzten 40 Jahre

---

43 Rudolf Traub-Merz, »Finanzkrise: China will mit Binnenwachstum an der Weltwirtschaftskrise vorbei«, http://library.fes.de/pdf-files/iez/global/05950.pdf (Stand: 31.12.2013).

im Wesentlichen damit verbracht, darüber zu streiten, mit welchem Mittel dieses Ziel am besten zu erreichen sei. Gut 20 Jahre war die Fiskalpolitik das Mittel der Wahl. Rezessionen wurden durch mehr Staatsausgaben bekämpft. Dann versuchte man, die Nachfrage über die Geldmenge zu beeinflussen, dann über die kurzfristigen Zinsen, und seit bald zwei Jahren versuchen alle, die langfristigen Zinsen durch Quantitative Easing zu drücken, also über den massenhaften Aufkauf von Staatanleihen.

Gebracht hat all dies wenig oder nichts. Obwohl die Fed in den USA bei Redaktionsschluss dieses Buches für 5000 Milliarden Dollar Staats- und Hypothekaranleihen aufgekauft hat, ist in den USA nur ein schwacher Aufschwung gelungen, die Arbeitslosigkeit ist weiter hoch und die Ungleichheit hat zugenommen. Der wirtschaftspolitische Leistungsausweis der EU ist noch schlechter. Der Grund für dieses allgemeine Versagen liegt darin, dass die Wirtschaftspolitik immer noch versucht, konjunkturelle Nachfrageschwankungen auf den Gütermärkten zu korrigieren, während das eigentliche Problem längst bei den strukturellen Ungleichgewichten der Arbeitsmärkte liegt. Es ist, als wolle man einen Tanker mit einer Wasserpistole versenken. Der Fehler ist dramatisch, aber nachvollziehbar: Wenn man nur noch das Instrument der Geldpolitik in der Hand hat (oder zu haben glaubt), sieht jedes Problem wie eine konjunkturelle Schwankung aus.

Auf den Arbeitsmärkten wird über die Primärverteilung entschieden: Erstens wird das Volkseinkommen zwischen Arbeit und Kapital, Lohn und Kapitaleinkommen aufgeteilt. Ein bekanntes Mass dafür ist die Lohnquote, der Anteil der Arbeitsentgelte am Volkseinkommen. Der Rest ist Kapitaleinkommen. Zudem entscheidet sich auf dem Arbeitsmarkt, wie gleich oder ungleich die Lohneinkommen verteilt werden. Die Trends der postfordistischen Ära sind klar: Die Lohnquote sinkt, die Verteilung der Einkommen wird einseitiger.

Oft wird leider vergessen, dass eine zu einseitige Primärverteilung den Ausgleich von Angebot und Nachfrage an den Gütermärkten von vornherein verunmöglicht, auch wenn man noch so viel Geld- und Zinspolitik betreibt. In den USA etwa kassiert das reichste Prozent der Haushalte inzwischen 20 Prozent der Gesamteinkommen. Für die ärmere Hälfte bleiben hingegen nicht einmal 15 Prozent übrig. In Deutschland kassiert das reichste Zehntel 31,7 Prozent aller Markteinkommen, für die ärmere Hälfte bleiben 16,3 Prozent (Zahlen von 2009). Der durchschnittliche Angehörige der oberen 10 Prozent kann mithin rund zehnmal so viel Bruttoinlandprodukt beanspruchen wie der Durchschnitt der ärmeren Hälfte.

Doch zwischen den finanziellen Ansprüchen auf das Bruttoinlandprodukt und der effektiven physischen Beanspruchung klafft eine riesige Lücke. Klar: Die Reichen können nicht so viel konsumieren, wie sie kassieren, während die Einkommen der Ärmsten nicht genügen, um selbst bescheidene Ansprüche zu decken.

Wie eine Analyse der Einkommens- und Verbrauchsstatistiken der USA und der Schweiz zeigt, ist in beiden Ländern der effektive Verbrauch der reichsten 20 Prozent im Schnitt nur etwa doppelt so hoch wie jener des ärmsten Fünftels. Die Geldeinkommen hingegen klaffen um die Faktoren 5 (Schweiz) bis 8 (USA) auseinander. Dieser Spagat zwischen der Verteilung der Einkommen und des Konsums kann nur durch Kredite und durch staatliche Umverteilung überbrückt werden. Da die finanziellen Reserven und auch die Kreditwürdigkeit der unteren Schichten beschränkt sind, wird der Sozialstaat mit zunehmender Ungleichheit der Primärverteilung vermehrt belastet.

Diese Entwicklung hat in vielen Ländern einen Abbau des Sozialstaates nach sich gezogen. Mit den zu erwartenden Folgen: noch mehr Ungleichheit und ein verlangsamtes BIP-Wachstum wegen fehlender Nachfrage. Der Abbau des Sozialstaates ist dabei klar Folge und nicht Ursache der »postfordistischen« Misere.

In den vergangenen 30 Jahren sind ganze Bibliotheken mit Theorien über den Rückgang der Lohnquote und die zunehmenden Einkommensunterschiede gefüllt worden. Der derzeit populärste Erklärungsansatz kommt der Realität ziemlich nahe. Danach haben in den letzten Jahren 2 Milliarden chinesische und indische Arbeitskräfte den globalen Arbeitsmarkt überschwemmt und für ein Überangebot gesorgt. Richtig daran ist, dass es tatsächlich ein weltweites Überangebot an Arbeitskräften gibt. China und Indien haben damit allerdings wenig bis nichts zu tun. Chinas Leistungsbilanzüberschuss liegt aktuell nur noch bei etwa 2,5 Prozent des Bruttoinlandprodukts. Indien verzeichnete 2013 gar ein Defizit von rund 5 Prozent. So gesehen hat das Land dem Rest der Welt sogar Arbeitskräfte entzogen. Nein, das Überangebot an Arbeitskräften ist hausgemacht. Es entsteht dadurch, dass es uns seit dem Ende der »Trente Glorieuses« immer weniger gelingt, die angebotene Arbeitszeit dem sinkenden Bedarf anzupassen.

Gehen wir das am Beispiel von Deutschland einmal konkret durch. Zwischen 1950 und 1980 ist dort die durchschnittliche Arbeitszeit um 27 Prozent gesunken – ebenso schnell ging auch die offizielle Arbeitszeit zurück: 1950 wurde meist noch 48 Stunden gearbeitet. Zwischen 1963 und 1974 hat sich dann in allen Branchen allmählich die 40-Stunden-Woche durchgesetzt. Trotz einer höheren Lebenserwartung wurde das Rentenalter ab 1972 von 65 auf 63 gesenkt. Die Ferienansprüche wurden schrittweise auf 6 Wochen verlängert. Die effektive und die vertragliche Arbeitszeit sanken im Gleichklang. Daher herrschte in dieser Zeit Vollbeschäftigung.

Nach 1980 ging der Kampf um kürzere Arbeitszeiten zwar vorerst weiter. In der Metallindustrie wurde 1985 sogar die 35-Stunden-Woche eingeführt. Doch die Bemühungen, dies auf andere Branchen auszuweiten, scheiterten. Spätestens seit 1990 ist der Trend zu kürzeren Arbeitszeiten zum Stillstand gekommen. In der Metall- und Elektroindustrie erhöhte sich die effektive Normalarbeitszeit zwischen 1993 und 2012 von 36,5 auf 37,9 Stunden. Ab 1995 wurde auch das Rentenalter wieder auf 65 und 2006 dann gar auf 67 Jahre erhöht. In den Lohngesprächen von 2004 etwa drohte Lufthansa-Chef Wolfgang Mayhuber mit Auslagerungen, falls sich sein Motto »mehr Arbeit für gleich viel Geld« nicht durchsetze und sich die Gewerkschaft Verdi einer Verlängerung der Arbeitszeiten widersetze.

Die Arbeitszeiten wurden nicht nur länger, sondern auch flexibler. In einer Stellungnahme zuhanden der EU-Kommission schrieb der Europäische Arbeitgeberverband BusinessEurope 2012: »Die Überarbeitung der Arbeitszeit-Richtlinie sollte nicht zu strengeren Regeln auf EU-Ebene führen. Flexibilität ist entscheidend für Unternehmen. Sie müssen fähig sein, die Arbeitszeit entsprechend ihrer Tätigkeit, des Produktionszyklus und der Kundenanforderungen zu organisieren. Der einzelne Arbeitnehmer sollte die Möglichkeit erhalten, mehr als 48 Stunden pro Woche zu arbeiten, wenn sie dies wollen. Sie sollten nicht durch übermässig strenge EU-Gesetzgebung eingeschränkt werden.«

Alles in allem liegt die Normarbeitszeit in Deutschland heute leicht über dem Niveau von 1980, die durchschnittliche Arbeitszeit aber ist weiter um gut 20 Prozent gesunken. Umgerechnet auf 46 Arbeitswochen arbeitet die durchschnittliche Erwerbsperson heute circa 29 Stunden pro Woche. Die Differenz zwischen diesen 29 Stunden und der 40-Stunden-Normarbeitswoche ist ein ungefähres Mass für das Überangebot auf dem deutschen Arbeitsmarkt.

Eine Verkürzung der Normarbeitszeit und eine regelmässige Anpassung an die effektiv nachgefragte durchschnittliche Arbeitszeit wären deshalb die zentrale Reform, die es braucht, um nicht nur die Wirtschaft, sondern auch die Gesellschaft wieder ins Lot zu bringen. Erstens kann nur so der Markt für bezahlte Arbeit wieder ins Gleichgewicht kommen. Zweitens und noch wichtiger: Erst wenn die 25- bis 30-Stunden-Woche zur Norm wird und der nervtötende Sesseltanz um die 40- bis 50-Stunden-Jobs aufhört, kann auch die informelle, lokale Wertschöpfung ihr immenses Potenzial ausschöpfen.

Dabei werden dann vermutlich sehr viele produktive und unterhaltende Tätigkeiten von der Geld- in die Tausch- und Selbstversorgungswirtschaft zurückverlagert. Diese Entwicklung ist auch deshalb sehr erwünscht, weil dadurch die Abhängigkeit der Arbeitnehmer vom Erwerbsjob abnimmt. Man kann sich zur Not auch mal ein paar Monate oder ein Jahr ohne Geldarbeit durchschlagen. Jeder lokale Ansatz zur Selbstversorgung verringert die Abhängigkeit von der Erwerbswirtschaft und schmälert die Dominanz der Multis. Das ermöglicht neue Gleichgewichte zwischen Erwerbsarbeit und Selbstversorgung. Dabei ist klar: Der Trend geht weg von der Geldwirtschaft. Die neuen Technologien wie Urban Farming, 3-D-Drucker, lokale Energien, Solarchemie oder die Sharing-

Ökonomie machen mehr Selbstversorgung und mehr lokalen Austausch möglich, der auch ohne Geld oder mit Lokalwährungen bewältigt werden kann.

Aber dieser Übergang wird nicht leicht zu bewältigen sein. Aus rein betriebswirtschaftlicher Sicht sind 40- bis 50-Stunden-Woche und Schichtbetrieb vermutlich effizienter. Zwei 45-Stunden-Arbeiter verursachen weniger Bildungs- und Verwaltungsaufwand als drei Angestellte mit je 30 Wochenstunden. Es wird auch nicht leicht sein, Arbeitnehmer dazu zu bewegen, statt 40 nur noch 25 bis 30 Stunden zu arbeiten, obwohl sie genau dies – im Schnitt – heute schon tun. Wer heute noch Vollzeit arbeitet, wird Erwerbseinkommen gegen freie Zeit tauschen müssen. Dazu dürfte die Masse der Arbeitnehmer erst bereit sein, wenn es eine Perspektive für eine produktive Verwendung dieser Zeit gibt. Wer in einer unwirtlichen Stadt allein im 23. Stock eines Hochhauses lebt, schlägt die Zeit vermutlich lieber mit Erwerbsarbeit als mit Freizeit tot.

Klassische Ökonomen werden einwenden, dass mit den kürzeren Normarbeitszeiten ausgerechnet die produktivste Arbeit abgebaut wird. Beweisen können sie es zwar nicht, weil Produktivität nicht gemessen werden kann. Vermutlich haben sie dennoch zumindest teilweise recht. Unter dem Strich dürften kürzere Normarbeitszeiten rein betriebswirtschaftlich suboptimal sein. Doch aus volkswirtschaftlicher Sicht spricht sehr viel mehr für angepasste Normarbeitszeiten. Allein schon die ökonomischen Kosten der steigenden Diskrepanz zwischen effektiver und Normarbeitszeit sind gewaltig. Einige davon haben wir bereits erwähnt, etwa die Arbeitsmarkt- und Sozialbürokratie, die Millionen von Bewerbungsschreiben und -gesprächen, unnötige Zusatzausbildungen und Diplome, die nicht mehr bringen als einen Platz weiter oben auf dem Stapel der Bewerbungen.

KAPITEL 9

Wegwerfjobs für Wegwerf-
menschen

Ein gespaltener Arbeitsmarkt mit Boni-Exzessen auf der einen und Niedriglohnempfänger auf der anderen Seite schafft auch seinen eigenen Leerlauf. Zum Beispiel die Überwachungsindustrie.

Arbeitnehmer, die schlecht bezahlt sind und immer wieder den Job wechseln müssen, sind nicht sonderlich motiviert. Sie sind vielleicht sogar geneigt, dem Arbeitgeber zu schaden und sich durch Tricks oder Betrug das zu holen, was der Markt ihnen nicht gibt. Also müssen sie überwacht werden. In den USA, die schon lange vor Europa auf streng überwachte Billigjobs setzten, ist diese Entwicklung schon sehr weit vorgeschritten. »Einige Ökonomen schätzen, dass rund ein Viertel aller amerikanischen Erwerbstätigen mit Überwachungsarbeiten beschäftigt ist – Eigentum hüten, Arbeitnehmer kontrollieren oder sonst dafür sorgen, dass ihre Mitbürger keinen Unsinn anstellen«, schreibt der Ökonom David Graeber.[44] Wirtschaftlich gesehen seien diese Tätigkeiten reine Verschwendung.

Graeber bezieht sich mit dieser Aussage auf die Untersuchungen der beiden US-Ökonomen Samuel Bowles und Arjun Jayadev.[45] Sie haben den Zusammenhang Globalisierung,

---

44 David Graeber, *The Democracy Project: A History, a Crisis, a Movement,* Random House, 2013.
45 Arjun Jayadev, Samuel Bowles, »Guard Labor: An Essay in Honor of Pranab Bardhan«, *Working Papers wp90,* 2004.

Ungleichheit und Überwachungsarbeit in 18 Industrieländern und in unterschiedlichen Zeiträumen empirisch überprüft. Danach steigert die Globalisierung die Ungleichheit und diese wiederum macht mehr Überwachungsarbeit nötig, erhöht aber gleichzeitig die Arbeitslosenquote. Unter Überwachungsarbeit verstehen sie Polizei, Militär, privates Sicherheitspersonal, Gefängniswärter, Gefangene und die Beschäftigten der Waffenindustrie. In der vergleichsweise egalitären Schweiz betrug der Anteil dieser Arbeit 9,7 und in den USA 22,2 Prozent. An der Spitze dieser Rangliste aus dem Jahr 2007 stand Griechenland mit einem Anteil von 24,6 Prozent. In diesen Zahlen sind die Überwachungsarbeiten des Finanzsektors nicht inbegriffen. Analog zu Bodyguards, welche die Reichen vor Einbrüchen, Kidnapping und Erpressung schützen, sind auch Finanzanalysten, Vermögensverwalter, Börsenhändler usw. vor allem dazu da, Vermögen zu verteidigen und zu mehren. Auch ihre Arbeit könnte als Kollateralschaden der Ungleichheit verstanden werden. Das würde den Anteil der Überwachungsarbeit noch um ein paar Prozentpunkte vergrössern.

Doch Ungleichheit und die Verfügbarkeit von billigen Arbeitskräften schaffen auch noch eine ganz andere Art von Leerlauf. Wir denken da an Tätigkeiten wie Telefonmarketing, Pizza-Kuriere und an den Online-Versandhandel und die dadurch geschaffene Industrie der privaten Zusteller. Ohne extreme Tieflöhne hätten diese Industriezweige niemals die Bedeutung erlangt, die sie heute haben. In Deutschland beschäftigen die Paketzusteller zwischen 250 000 und 300 000 Menschen. Dazu kommen weitere Hunderttausende Angestellte in den Verteilzentren. Allein Amazon unterhält in Deutschland sieben Logistikzentren mit Lagerflächen von je 100 000 bis 140 000 Quadratmetern, das entspricht rund 20

Fussballfeldern. Das Verteilzentrum von Zalando bei Mönchengladbach soll 180 000 Quadratmeter gross werden, in Erfurt sind 90 000 Quadratmeter geplant.

Zalando zahlt den Lagerarbeitern in Erfurt und anderswo 7,01 Euro pro Stunde, bietet ihnen auf 12 Monate befristete Arbeitsverträge an und unterstellt sie nicht den Tarifverträgen. Zudem baut das Online-Modehaus die Lagerhalle nicht selbst, sondern mietet sie bloss. Auch für die Innenausstattung gibt Zalando nicht viel Geld aus: »Wir setzen auf eine sehr manuelle Abwicklung der Online-Verkäufe, die Artikel werden von den Angestellten von Hand aus den Lagern entnommen und wieder zurückgebracht«, erklärte Zalando-Geschäftsführer Rubin Ritter gegenüber der *Thüringischen Landeszeitung.* Mit grossen Maschinenparks sei keine Flexibilität zu erreichen. Im Klartext heisst das, dass sich Zalando jederzeit die Möglichkeit offen hält, ohne finanziellen Schaden wieder aus Erfurt abziehen zu können. Trotz dieser miserablen Konditionen haben sich angeblich 60 Standorte um die Ansiedlung des Zalando-Verteilzentrums beworben. Erfurt bekam den Zuschlag nicht zuletzt deshalb, weil die Landesregierung einen Zuschuss von 22,5 Millionen Euro locker machte – was vermutlich einen grossen Teil der Investitionskosten deckt.[46] Zudem mussten Strassen gebaut und eine Buslinie eröffnet werden. Die Bundesagentur für Arbeit übernimmt die Ausbildung, Rekrutierung, Auswahl und Einstellung der 1400 Zalando-Angestellten. Sie schickt immer wieder mal Arbeitslose für eine unbezahlte »Schnupperwoche« vorbei. Viele Bewerber wurden

---

46 »Zalando will durch neues Lager in Erfurt wachsen«, *Thüringer Allgemeine,* 21.2.2012, http://www.thueringer-allgemeine.de/web/zgt/wirtschaft/detail/-/specific/Zalando-will-durch-neues-Lager-in-Erfurt-weiterwachsen-1648044795 (Stand: 31.12.2013).

auch schon mehrmals zum »Schnuppern« aufgeboten, bevor sie dann doch noch regulär eingestellt wurden.

Was sich Erfurt von dieser Ansiedlungspolitik verspricht, bleibt ein Rätsel. Wer nur 7,01 Euro pro Stunde verdient, hat nichts, womit er das einheimische Gewerbe beleben könnte, und zahlt bei Weitem nicht genügend Steuern, um die Kosten für die Beanspruchung der öffentlichen Infrastruktur zu decken. Rein politisch war Zalando für die sozialdemokratischen Landesfürsten aber ein Erfolg. Bei der Grundsteinlegung war Erfurts Oberbürgermeister zugegen, bei der Einweihung liessen sich Wirtschaftsminister Matthias Machnig und Ministerpräsidentin Christine Lieberknecht – immer zusammen mit den Zalando-Gründern – von allen Medien ablichten. »Sozial ist, was Arbeit schafft«, hatte schon Deutschlands letzter sozialdemokratischer Kanzler Gerhard Schröder gesagt. Von den Unternehmen über diese soziale Tat hinaus auch noch einen anständigen Lohn zu verlangen, ist schon fast unverschämt. Mit dieser Mentalität haben viele Länder – allen voran Deutschland – einen Niedriglohnsektor geschaffen. 2011 arbeiteten 8,1 Millionen Deutsche für weniger als 9,14 Euro pro Stunde. Im Schnitt lag für sie der Stundenlohn bei 6,40 Euro.

Für solche Löhne wird im Wesentlichen nur Arbeit geschaffen, die keiner wirklich braucht, sonst müsste man sie anständig bezahlen. Oder es handelt sich um Arbeit für Leute, die sich nichts leisten können. Die Formulierung Wegwerfjobs für Wegwerfmenschen ist nicht nur polemisch, sondern durchaus real. Gemäss »Datenreport 2013«[47] haben deutsche

---

47 *Datenreport 2013*. Ein Sozialbericht für die Bundesrepublik Deutschland, Destatis, (Hg.), Bonn 2013.

Männer im Niedriglohnsektor eine 11 Jahre kürzere Lebenserwartung als Männer im oberen Viertel der Einkommenspyramide. Bei Frauen beträgt die Differenz 8,4 Jahre. Ein Grund dafür liegt in der Ernährung. Jeder vierte Niedriglöhner kann sich nicht einmal jeden zweiten Tag eine vollwertige Mahlzeit leisten. Stress und eine hohe Arbeitsbelastung kommen dazu. Jeder sechste Niedriglöhner kann seine Wohnung im Winter nicht warmhalten. 37 Prozent der 45- bis 64-jährigen Niedriglöhner schätzen ihren Gesundheitszustand als »weniger gut bis schlecht« ein, gegenüber bloss 13,7 Prozent in den oberen Einkommensklassen. Bei den Frauen sind die Verhältnisse ähnlich.

Der britische Ökonom John Maynard Keynes hatte einst vorgeschlagen, der Staat solle Arbeit schaffen, indem er Löcher von Hand graben und wieder zuschütten lasse. Er hatte dies natürlich nicht ernst gemeint. Damals ging man noch davon aus, dass man mit Arbeit etwas Nützliches tun kann. Im Zeitalter von Zalando ist aus Keynes' Spass blutiger Ernst geworden. Die Zalando-Manager verzichten bewusst auf moderne und platzsparende Hochregallager. Bei 7,01 Euro Stundenlohn rechnet sich das. Und die Pakete, die Zalando – oder andere Online-Händler – versenden lassen, werden zu 50 Prozent retourniert. Weil die Schuhe nicht passen, weil einem das Hemd doch nicht gefällt oder weil man nur eine kleine private Modeschau veranstalten wollte. Diese Rechnung geht nur auf, weil die Lohnsklaven im privaten Paketauslieferungsgewerbe noch weniger verdienen. Wer dort auf einen monatlichen Nettolohn von 1200 bis 1500 Euro kommen will, beginnt morgens um 5 Uhr im meist weit vom Wohnort entfernten Vertriebszentrum die Sendungen zu sortieren und einzuladen, muss dann 70 bis 80 Ziele anfahren, im Stau stehen, die Kunden von Zalando, Amazon und Co. aus der Wohnung klingeln, unzustellbare Pakete zurück zum Wagen tragen und abends wieder aussortieren. Wenn alles gut läuft, kann man sich schon vor 19 Uhr auf den langen Heimweg machen, doch meistens wird es später. Danach reicht es noch für eine kurze Mahlzeit und dann ab ins Bett, bevor der Wecker wieder klingelt. Dies geht aus einer Reportage des Journalisten Günter Wallraff hervor, die RTL im September 2012 ausstrahlte.[48]

Wir haben die Zustände im deutschen Versandhandel deshalb so ausführlich geschildert, weil sie sechs zentrale Aussagen dieses Buches trefflich illustrieren.

Erstens: Die globale Wirtschaft desorganisiert die Gesellschaft. Die Deutschen geben wegen Zalando nicht mehr Geld für Kleider und Schuhe aus. Doch jeder Euro, der in öden Verteilzentren an billigen Randlagen ausgegeben wird, fehlt in den Zentren. Die Innenstädte sind nicht zuletzt deshalb attraktiv, weil es dort Boutiquen, Kleiderläden und Buchhandlungen gibt und dazwischen Strassencafés, in denen man Zeitung lesen und Bekannte treffen kann. Heute werden Boutiquen häufig von »Kunden« besucht, die sich die Ware bloss ansehen und anprobieren wollen, bevor sie sie im Internet kaufen. Morgen werden diese Läden schliessen müssen. Die Innenstädte entleeren sich, dafür werden die Strassen umso voller, wenn jedes T-Shirt mit dem Lieferwagen direkt ins Haus geliefert – und wieder abgeholt wird.

Doch Zalando und Co. organisieren auch das Leben ihrer Angestellten – im Dreischichtenbetrieb und bis ins kleinste

---

48 »Günter Wallraf deckt auf: So behandelt GLS seine Fahrer«, *RTL Reporter,* 17.9.2012, http://www.rtl.de/cms/news/rtl-aktuell/guenter-wallraff-deckt-auf-so-behandelt-gls-seine-fahrer-22852-51ca-84-1140316.html (Stand: 31.12.2013).

Detail. So ist es etwa den Lagerarbeitern im Verteilzentrum Berlin (und wohl auch anderswo) verboten, sich während der Arbeit zu setzen. Auch die Pinkelpausen unterstehen der Kontrolle. Der kleine Toilettencontainer steht nämlich mitten in der Fabrikhalle und ist akustisch schlecht isoliert. Doch auch ein paar wichtigere Lebensumstände sind durch das Arbeitsverhältnis programmiert. Mit einem Stundenlohn von 7 Euro und im Schichtbetrieb ist es sehr schwierig, geordnete soziale Beziehungen zu pflegen. Etwa zu einem Ehepartner. Kinder kann man sich unter diesen Umständen eigentlich nicht leisten. Wenn doch, führt das oft erst zur körperlichen und seelischen Überforderung und zuweilen zur sozialen Katastrophe. Die Folgen muss auch der Staat ausbaden – in seinen Schulen, Sozialämtern und Gefängnissen.

Ein fast ebenso wichtiger Faktor, der zur sozialen Desintegration beiträgt, ist die unkontrollierbare Macht, die die globale Marktwirtschaft den Unternehmen verleiht. Auch da bietet Zalando Anschauungsunterricht, auf den man lieber verzichten würde. Es tut weh zu sehen, wie sich gewählte Politiker von den drei Zalando-Hauptaktionären Marc, Oliver und Alexander Samwer vorführen lassen und ihnen dann noch Millionen Steuergelder hinterherwerfen. Die Details dieser Deals sind oft so schmutzig, dass sie der politischen Opposition Anlass zu wählerwirksamen Klagen geben könnten. Deshalb waren die Verhandlungen mit Zalando im Erfurter Rathaus »top secret«, wie Oberbürgermeister Brausewein der *Thüringischen Landeszeitung* verriet. Als doch ein paar Einzelheiten durchsickerten, mischte sich Zalando-Geschäftsführer David Schröder mit einem Brief an die Erfurter Stadtratsfraktionen frech in den politischen Entscheidungsprozess ein. Man habe mit »grosser Verwunderung« von den Indiskretionen

Kenntnis genommen. Dies könne »die guten Chancen des Standorts Erfurt schmälern«. Ganz am Rande erfahren die Leser der Zeitung noch, worum es bei der nie ausgetragenen politischen Kontroverse gegangen wäre: um den Verdacht, dass die Lagerhalle noch nicht einmal die 22,5 Millionen Euro Zuschuss des Landes Thüringen gekostet habe, geschweige denn die hundert Millionen, von denen die Zalando-Manager sprachen.

Zweitens illustriert dieses Beispiel, wie einseitig der globale Markt die Einkommen verteilt und Vermögen umverteilt, bevor sie überhaupt geschaffen werden. Gemäss Branchenexperten hat keine der diversen Firmen, die die Zalando-Brüder bisher gegründet haben, jemals betriebswirtschaftliche Gewinne abgeworfen. Zalando selbst erlitt 2012 einen Verlust vor Zinsen von 90 Millionen Euro. Dass das Vermögen der Inhaber dennoch auf 550 Millionen Euro geschätzt wird, hat drei Gründe. Einerseits können auch verlustbringende kleine Unternehmen grössere Rivalen ärgern und deshalb von ihnen aufgekauft werden. Die drei Brüder haben bisher drei Firmen für insgesamt rund 300 Millionen Euro verkauft. Andererseits generieren solche Firmen auch ohne Gewinn flüssige Mittel, aus denen sich die Gründer bedienen können: Zalando-Kunden zahlen sofort, die Lieferanten müssen sich gedulden. Der Staat macht Geld für Investitionen locker, lange bevor diese getätigt und bezahlt werden. Das läppert sich zusammen und füllt die Kassen der multinationalen Unternehmen.

Drittens zeigt unser Beispiel, zu welch abstrusen Verschwendungen von Arbeitskraft das Festhalten an der 40-Stunden-Woche führen kann. Wenn Arbeitnehmer von der Arbeitsbürokratie zur Arbeit gezwungen und Arbeitgeber mit Geld geködert werden, findet sich immer irgendwer, der irgendeine Arbeit schafft, die – so wie bei Zalando – mit möglichst wenig Investitionen verbunden ist. In den letzten fünf Jahren ist denn auch die Stundenproduktivität der deutschen Arbeitskräfte kaum mehr gestiegen. Die Nettoinvestitionen liegen aktuell um rund 50 Prozent unter dem Stand von vor 15 Jahren. Das weckt Erinnerungen an den Kampf der englischen Textilarbeiter vor hundert Jahren. Sie wollten ihre Arbeitsplätze sichern, indem sie unter der Führung eines gewissen Ned Ludd gezielt Maschinen zerstörten. 1814 wurde der Aufstand der Ludditen militärisch niedergeschlagen. Zahlreiche Anführer wurden hingerichtet. Die neuen Ludditen gehen raffinierter vor: Sie machen die Arbeit so billig, dass die Unternehmer im eigenen Interesse Maschinen gar nicht erst installieren.[49]

Viertens: Die globale Marktwirtschaft ist blind für die wirklichen Bedürfnisse der Menschen. Diese Behinderung ist die direkte Folge der einseitigen Verteilung, die alle Kaufkraft auf eine dünne Oberschicht konzentriert, deren echte Bedürfnisse längst befriedigt sind. Die globale Geldwirtschaft muss deshalb sehr viel Energie aufwenden, um Bedürfnisse jenseits der Sättigungsgrenze zu wecken. Das gilt nicht nur für die Luxusindustrie. Auch die globalen Foodgiganten stellen heute nicht mehr einfach nur Lebensmittel her, sondern sie verkaufen Prestige, Convenience und Sehnsüchte. Die echten Bedürfnisse der Normalverdiener und der ärmeren Hälfte der Bevölkerung geraten dabei in Vergessenheit. Sie werden zunehmend nicht mehr vom Markt, sondern durch die Staatsbü-

---

49 Die Sache ist in Wirklichkeit ein wenig komplexer: Die Unternehmen investieren vor allem deshalb weniger, weil ihre Arbeiter nicht genügend Geld haben, um die Konsumgüter nachzufragen, die Investitionen erst rentabel machen würden.

rokratie befriedigt. Um aus diesem Dilemma herauszufinden, brauchen wir eine völlig neue Wachstumstheorie.

Fünftens: Die von der Globalisierung begünstigte extrem ungleiche Verteilung ist volkswirtschaftlich ineffizient. Massnahmen, die der Ungleichheit entgegenwirken, können deshalb die Produktivität einer Volkswirtschaft erheblich steigern. Traditionelle Ökonomen argumentieren, dass hohe Steuern den Arbeitswillen der Reichen ebenso dämpfen wie ein gut ausgebauter Sozialstaat den der Armen. Unter dem Strich gäbe es somit weniger zu verteilen. In seinem Buch nimmt Samuel Bowles[50] dieses Argument auf und legt – strikt ökonomisch und angebotstheoretisch – dar, dass die volkswirtschaftlichen Kosten der Ungleichheit (in Form von vermeidbaren Überwachungsarbeiten) die theoretisch möglichen Effizienzvorteile auch unter optimistischen Annahmen bei Weitem überwiegen.

---

50 Samuel Bowles, *The New Economics of Inequality and Redistribution,* Cambridge, University Press, 2012.

KAPITEL 10

Rückkoppelung statt Wettbewerb

Wer gute Fragen stellen will, muss die wichtigen Dinge im Auge behalten. Die moderne Wirtschaftspolitik ist ganz auf das Signal »Arbeitslosigkeit« fixiert. Und sie »weiss«, dass man diese nur mit »Wachstum« bekämpfen kann. Damit ist die falsche Frage bereits programmiert: Wie schaffen wir Wachstum?

Doch Beschäftigung ist kein Selbstzweck. Im Schlaraffenland herrscht hundert Prozent Arbeitslosigkeit. Dennoch beklagt sich niemand darüber. Auch Wachstum ist dort kein Thema. Wachstum von was? Worauf es in der Ökonomie wirklich ankommt, ist nicht eine tiefe Arbeitslosenquote, sondern eine gute Versorgung der Bevölkerung mit allem, was zum Leben und Geniessen notwendig ist. Ist die Versorgung ungenügend, soll eine Verbesserung angestrebt werden, und das kann man dann zu Recht Wachstum nennen.

Diese Unterschiede in Betrachtungsweise und Fragestellung mögen subtil erscheinen, sind aber in der wirtschaftspolitischen Praxis matchentscheidend. Bleiben wir beim Beispiel Erfurt aus dem vorherigen Kapitel und betrachten die Lage zunächst einmal aus der traditionellen Wachstumsoptik: Im Frühjahr 2011 lag die örtliche Arbeitslosenquote bei 11,4 Prozent. Dazu kamen noch etwa 5 Prozent Unterbeschäftigte. Um diesen Missstand zu beheben, brauchte man mehr Jobs. Da Jobs im Verständnis der Ökonomen von Unternehmen geschaffen werden, hat man diesen den Standort Erfurt schmackhaft gemacht – mit tiefen Löhnen und mit Zuschüssen. Das gelang: Weil Erfurt inzwischen zu einem nationalen Logistik- zentrum geworden ist, sank die Arbeitslosenquote innert drei Jahren auf 8,6 Prozent. Immer noch viel, aber deutlich besser.

Aus der Optik der Versorgung stellt sich Erfurts Problem ein wenig anders dar. Weil diese Perspektive nicht einer offizi- ellen Sichtweise entspricht, können wir nicht mit genauen Zahlen aufwarten. Versuchen wir es dennoch: Um einer vier- köpfigen Familie mit zwei Verdienern und einem durch- schnittlichen Jahrespensum von je 1390 Stunden ein beschei- denes Leben nach Hartz-IV-Ansätzen zu ermöglichen, braucht es einen Stundenlohn von mindestens 15 Euro.[51] 2011 haben 37,7 Prozent der beschäftigten Ostdeutschen (und vermutlich auch der Erfurter) weniger als die Niedriglohnschwelle von 9,14 Euro verdient. Im Schnitt lag ihr Lohn bei 6,21 Euro. Zählt man die Arbeitslosen dazu, können sich rund 50 Prozent der Erfurter nur in etwa das Existenzminimum gemäss Hartz IV leisten. In Erfurt gibt es inzwischen zwei »Tafeln«, die täg- lich je 80 bis 150 Leute mit Esswaren versorgen. Der Grund- preis pro Mahlzeit beträgt 1,50 Euro pro Erwachsenen, 30 Cent je Kind. »Brot und Brötchen gibt es zum Glück ausreichend, Fleisch und Wurst nur selten«, lesen wir auf der Homepage der Tafel.

Hartz-IV-Ansätze decken nur das absolute Minimum. Mit ein wenig Luxus wie einem Auto, zwei Wochen Ferien im Aus- land, täglich Kaffee und Kuchen und zweimal pro Monat aus- wärts essen, kann man leicht das Doppelte konsumieren. Ge- messen am möglichen Konsumstand ist Erfurt also deutlich

---

51 http://www.oekonomenstimme.org/artikel/2013/07/18-50-euro-anmer-
   kung-zum-mindestlohn-in-deutschland/ (Stand: 31.12.2013).

unterversorgt. Zur Unterversorgung der Bevölkerung kommen die bekannten Mängel der Infrastruktur. In Erfurt gehen die Sparmassnahmen sogar der FDP zu weit.[52] Ihr Stadtrat Thomas Kemmerich forderte im Juli 2013 dringend »mehr Geld für die Müllentsorgung – zumindest im Stadtkern«. Er verwies auf die Müllinseln, die sich langsam, aber wachsend im Stadtbild festsetzten und die man auch deutlich riechen könne. Kurz: Erfurt hat einen riesigen Nachfragestau, und ein nicht minder grosses Potenzial an unterbeschäftigten Arbeitskräften. Mit diesem Bild vor Augen kommt man nicht auf die Idee, die mangelnde »Wettbewerbsfähigkeit« von Erfurt zu beklagen. Viel mehr drängt sich die Frage auf: Wie bringen wir die lokale Nachfrage und das lokale Arbeitspotenzial zusammen?

Doch bevor wir uns der Frage zuwenden, werfen wir einen Blick auf die »Lösung« der traditionellen Ökonomen. Sie feiern zwar den Markt als hocheffizientes »Entdeckungsverfahren« (Friedrich von August Hayek), sind aber nicht in der Lage, lokale Bedürfnisse zu entdecken, die von keiner monetären Nachfrage gestützt sind. Auf ihrem Radar ist die Unterversorgung der Erfurter nicht zu sehen. Sie suchen deshalb die monetäre Nachfrage dort, wo es sie noch gibt, bei Zalando oder beim Buchgrosshändler Koch, Neff & Volkmar. Die rund 3000 Stellen, die in Erfurts Logistikzentren geschaffen worden sind, helfen indessen nicht mit, die Erfurter satt zu machen oder sie vor Geruchsbelästigungen zu verschonen. Sie ermöglichen bloss, dass die Erfurter Kleider, Schuhe und Bücher nicht im Laden kaufen, sondern sie sich frei Haus zustellen lassen kön-

---

52 http://www.fdp-thueringen.de/erfurt/news/7373-sparmassnahmen_der_
    stadt_zeigen_wirkung_.html (Stand: 31.12.2013).

nen. Da dies keinem wirklichen Bedürfnis entspricht, muss diese Nachfrage mit hohem Werbeaufwand erst geweckt werden. Dennoch darf die zugestellte Ware nicht teurer sein als im Laden. Entsprechend gering ist der Mehrwert der Arbeit, die von den Lieferanten und Lagerarbeitern geleistet wird. Dies wiederum bedeutet, dass die Leute, die in Erfurt eine neue Stelle gefunden haben, mit ihrem kleinen Lohn die Nachfrage nicht ankurbeln können. Mit 7,01 Euro pro Stunde ist man spätestens nach der Pensionierung oder im Krankheitsfall auf staatliche Hilfe angewiesen. Das »Modell Erfurt« funktioniert nur dank externer finanzieller Hilfe, etwa mithilfe eines Investitionszuschuss von 21 Millionen Euro allein für Zalando.

Aus der Optik der klassischen Ökonomen werden mit diesen Geldern wenigstens Jobs geschaffen. Doch diese Jobs sind andernorts verloren gegangen. Das 315 000 Quadratmeter grosse Verteilzentrum von Koch, Neff & Volkmar etwa ersetzt zwei kleinere Verteilzentren in Köln und Stuttgart, wo bisher 1500 Leute beschäftigt waren. In Erfurt dürften es dank moderner Lagertechnik noch 1000 sein, die erst noch deutlich weniger verdienen werden. Statt neue Stellen zu schaffen, werden bloss Jobs an noch sparsamere Arbeitgeber verschachert. Das Problem der Arbeitslosigkeit ist damit nicht gelöst, sondern bloss verschoben und verschärft.

Das »Modell Erfurt« ist auch das »Modell Welt«. Die globalisierte Wirtschaft befriedigt nicht echte Bedürfnisse, sondern schafft mit viel Aufwand unechte. Stellen werden nicht geschaffen, sondern verschoben, abgebaut und entwertet. Buchhändler mutieren zu Lagerarbeitern. 1800 Euro Lohn schrumpfen auf 1200. So verschwindet laufend Kaufkraft und Nachfrage aus dem System, und immer mehr Leute werden aus dem Karussell der Marktwirtschaft geschleudert. Ihre Be-

dürfnisse sind zwar noch da, nicht aber ihre monetäre Nachfrage – und nur die zählt.

Lokale Jobs durch lokales Geld – das Experiment von Wörgl

Wie kann man diesen Teufelskreis durchbrechen? Dieselbe
Frage stellte man sich bereits in der Weltwirtschaftskrise der
1920er Jahre. 1929 wurde in Erfurt die Wära-Tauschgesellschaft
gegründet. Sie brachte die Regionalwährung »Wära« in Umlauf – mit viel Erfolg. 1931 hatten sich ihr bereits über tausend
Unternehmen aus vielen Teilen des Deutschen Reichs ange-
schlossen. Ende Juli 1932 führte Michael Unterguggenberger,
der Bürgermeister von Wörgl in Tirol, »Arbeitswertscheine«
nach dem Vorbild des Wära ein. Er gab ihnen jedoch bewusst
keinen Namen. So konnte er behaupten, dass er nicht Geld
geschaffen habe, sondern eben bloss »Arbeitswertscheine«,
und dass damit das Geldmonopol der Österreichischen Nationalbank nicht tangiert sei. Die Nationalbank liess jedoch nicht
locker und setzte am 15. September 1933 ein Verbot der »Arbeitswertscheine« durch.

Obwohl das Experiment nur gut 13 Monate andauerte, war
es ein durchschlagender Erfolg – mit globaler Ausstrahlung.
Aus der ganzen Welt kamen Besucher, unter anderem der damalige französische Finanzminister und spätere Ministerpräsi-
dent Edouard Daladier. In den USA schlug der Wirtschafts-
wissenschaftler Irving Fisher der Regierung – wenn auch
vergeblich – vor, das Experiment zu kopieren. Auch der ETH-
Ingenieur Claude Bourdet reiste mehrfach ins Tirol. Sein Bericht erschien am 9. September – also unmittelbar vor dem

Ende der Arbeitswertscheine – in der Pariser *Illustration*[53]: »Ich habe Wörgl im August 1933 besucht, also genau ein Jahr nach Beginn des Experiments. Man muss ganz unparteiisch anerkennen, dass das Ergebnis ans Wunderbare grenzt. Die früher für ihren grauenhaften Zustand verschrienen Strassen gleichen jetzt Autostraden. Die Bürgermeisterei – schön restauriert, fein herausgeputzt, reizendes Chalet mit blühenden Geranien. Eine neue Betonbrücke trägt die stolze Inschrift ‹Erbaut mit Freigeld im Jahre 1933›. Überall sieht man die neuen modernen Strassenleuchter wie an der Silvio Gesell Strasse. Die Arbeiter, die man auf den zahlreichen Bauplätzen trifft, sind samt und sonders fanatische Freigeldler. Ich bin in den Läden gewesen: Überall nimmt man die Arbeitsbestätigungsscheine zum gleichen Wert an wie das offizielle Geld. Die Preise sind nicht gestiegen. Man hat dem Wörgler Experiment die Möglichkeit der Kapitalbildung absprechen wollen und wollte darin nur eine verkappte, neuartige Ausbeutung des Steuerzahlers erblicken. Hier scheint ein kleiner Irrtum vorzuliegen. Man hat seit Menschengedenken nicht erlebt, dass der Steuerzahler nicht mit letzter Energie protestierte, wenn man ihm seine Taler abnahm. Nun, in Wörgl protestiert niemand. Im Gegenteil, man zahlt seine Steuern zum voraus, man ist begeistert über das Experiment, und man beklagt sich bitter, dass die Nationalbank neue Notenausgaben hintertreibt. Es ist unmöglich, die allgemeine Besserung der Lage in Wörgl nur einer ‹neuen Steuerform› zuzuschreiben. Man kann eher mit dem Bürgermeister der Meinung sein, dass das neue Geld seine Funktion weit besser erfüllt als das alte.«

---

53 Vgl. Fritz Schwarz, *Das Experiment von Wörgl,* Synergia Verlag Darmstadt, 2006, http://userpage.fu-berlin.de/~roehrigw/woergl/ (Stand: 31.12.2013).

Das Experiment von Wörgl ist ein Paradebeispiel dafür, wie lokale Bedürfnisse und lokale Produktionskapazitäten miteinander verknüpft werden können. In Wörgl und in der näheren Umgebung gab es 1500 Arbeitslose (gut 20 Prozent der Arbeitsbevölkerung), die Infrastruktur war nach Jahren der Krise verlottert, die Stadt war bei der Sparkasse Innsbruck mit 1,3 Millionen Schilling verschuldet, das wichtigste Aktivum waren 118 000 Schilling Guthaben aus unbezahlten Steuerschulden. Die Preise sanken jährlich um etwa 3 Prozent, alle erwarteten weitere Preissenkungen und steckten ihre Schillinge, in Erwartung einer weiteren Wertvermehrung, in die Sparstrümpfe.

Die Lösung? Die Wörgler gründeten unter der Führung von Bürgermeister Unterguggenberger eine »Nothilfe«, der bis auf die Vertreter der Nationalsozialisten alle Notablen der Stadt angehörten. Die Nothilfe gab Arbeitswertscheine im Wert von 32 000 Schilling aus. Als Gegenleistung oder zur Absicherung musste man bei der Gemeindekasse Bargeld, also echte Schillinge, im gleichen Gegenwert hinterlegen und erhielt dafür einen Jahreszins von 6 Prozent gutgeschrieben. Die Arbeitswertscheine, die man dagegen eintauschte, hatten den Nachteil, dass sie jeden Monat ein Prozent an Wert verloren. Diesen Wertverlust konnte man vermeiden, indem man die Arbeitswertscheine möglichst schnell gegen Ware oder Arbeitsleistungen tauschte. Die Gegenseite hatte praktisch keine Wahl: entweder man blieb auf seiner Ware sitzen oder man akzeptierte die Zahlung in Arbeitswertscheinen der Nothilfe statt in Schillingen der Nationalbank. Auch die Arbeitslosen entschieden sich so: lieber Arbeitswertscheine als gar kein Geld.

Die Stadt Wörgl selbst kaufte nie mehr als rund 6000 Arbeitswertscheine und zahlte damit vor allem die Löhne der

Bauarbeiten. Wegen der ausstehenden Steuerguthaben und wegen dem drohenden Wertverlust floss das Geld schon bald schneller wieder zurück, als es von der Stadt ausgegeben wurde. Die Umlaufgeschwindigkeit der Wörgler Schillinge wurde auf 400 Mal pro Jahr geschätzt: Jeder Arbeitswertschein wurde also im Schnitt einmal pro Tag für eine Zahlung verwendet, und zwar fast ausschliesslich in Wörgl und in der näheren Umgebung.

Ein »Wunder« war Wörgl allerdings nicht. Es wurde nichts aus dem Nichts geschaffen. Das neue Geld hatte bloss ein Informations- und Koordinationsproblem gelöst. Die Wörgler sahen, was in ihrer Gemeinde zu tun war, und sie nutzten ihre freien Kapazitäten, um das Nötige zu tun. Wenn etwas wundersam war, dann eher die Blockade vor und nach dem Experiment. Wie kam es, dass lokale Bedürfnisse und lokale Produktionskapazitäten gleichsam neben- oder gar aufeinanderlagen und dennoch nicht zusammenfanden? Diese Frage stellt sich auch heute wieder – in Griechenland, in Spanien oder in den Armenvierteln der USA.

Auch heute gibt es in Deutschland zahlreiche Regionalwährungen. Die bekannteste ist der »Chiemgauer«, der in sieben bayrischen Gemeinden rund um Chiemsee im Umlauf ist. Die Chiemgauer werden vorwiegend von privaten Gönnern und Unternehmen in Umlauf gebracht. Sie können gegen Euro zurückgetauscht werden, verlieren dabei aber jährlich 3 Prozent an Wert.[54] Wer Chiemgauer besitzt, hat also ein Interesse daran, sie möglichst schnell wieder in Umlauf zu bringen. Im Schnitt erzeugt jeder in Umlauf gebrachte Chiemgauer jährlich 12 Euro Umsatz. Der Wära hatte sich damals noch monat-

---

54 Das Geld fliesst weitgehend sozialen und kulturellen Zwecken zu.

lich um 1 Prozent entwertet, generierte aber deutlich höhere Umsätze. Er wechselte wöchentlich gut 10 Mal den Besitzer.

Inzwischen hat auch Griechenland – notgedrungen – die lokalen Währungen wiederentdeckt. Mitte 2013 waren in Griechenland nicht weniger als 39 Parallelwährungen im Umlauf. Die bekannteste unter ihnen ist der TEM in der Hafenstadt Volos, den mehr als 800 lokale Unternehmen (Stand: Sommer 2013) und die Stadtverwaltung als Zahlungsmittel akzeptieren.

Bisher sind Lokalwährungen eher eine Randerscheinung. Doch das könnte sich rasch ändern. Rechnen wir: Das Land Thüringen gibt pro Jahr 150 Millionen Euro für Ansiedlungen aus. Würde man auch nur 10 Prozent davon in einen neuen Wära investieren, wären nach 4 Jahren 60 Millionen Wära im Umlauf und würden bei einem jährlichen Umsatz von 12 Euro pro Chiemgauer einen jährlichen Umsatz von 720 Millionen Euro auslösen. Bleiben auch nur zwei Drittel davon in der Region, schafft das 480 Millionen Umsatz oder rund 16 000 Arbeitsplätze mit einem Bruttoeinkommen von 30 000 Euro. Und das Beste: Die jährlichen Kosten dieser Arbeitsplatzbeschaffung belaufen sich auf bloss 1,8 Millionen Euro (3% von 60 Millionen). Dem stehen zusätzliche Erträge der Lohn- und Umsatzsteuer von rund 100 Millionen gegenüber. Auch wenn dies bloss eine Milchmädchenrechnung ist, zeigt sie doch das riesige Potenzial lokaler Währungen.

Wie könnte dieses Potenzial konkret geweckt werden? Etwa so: Finanziell klamme Gemeinden und Städte könnten die Löhne ihrer Angestellten um 5 Prozent erhöhen, im Gegenzug aber 10 Prozent des Salärs in Regionalwährung auszahlen. Im Land Thüringen kämen damit jährlich 250 Millionen Wära neu in Umlauf. Oder die Gemeinden zahlen ihren Lieferanten 10 Prozent der Rechnungssumme in der Regionalwährung. Dabei dürfen zwar laut WTO auswärtige Anbieter nicht diskriminiert werden, aber es gibt einen Spielraum, den man nutzen kann.

Eine Alternative oder Ergänzung zu Regionalwährungen ist beispielsweise der Community Reinvestment Act in den USA. Dieses Bundesgesetz gibt Banken einen steuerlichen Anreiz, lokale Ersparnisse lokal zu reinvestieren. Dazu müssen die Banken mit örtlich verankerten Organisationen zusammenarbeiten. Hier das Grundmuster am Beispiel von Buffalo, einer Kleinstadt im Staat New York: Die ersten Kredite fliessen in die Wärmedämmung, weil da der Return on Investment am grössten ist (Return: eingesparte Energiekosten, Investment: Dämmstoffe und Arbeit). Dann saniert man ganze Häuserblocks und betreibt auf Dächern und in Gärten Urban Farming samt Fischzucht. Die Produkte werden vor Ort verarbeitet und verkauft. Ein Teil des Ertrages wird in die Ausbildung gesteckt und so geht das weiter. Das ist ein komplexer Vorgang, der viel Know-how erfordert. Die nationale Bürgerrechtsbewegung »Green for All« pflegt diesen Erfahrungsschatz und vermittelt Wissen und Spezialisten an lokale Ableger. In Buffalo heisst dieser Ableger People United for Sustainable Housing (Push).

Buffalo, Todmorden und China

Der Community Reinvestment Act geht auf eine Anregung der kanadischen Soziologin und Städtebau-Spezialistin Jane Jacobs zurück.[55] Sie hat den Aufstieg und Fall von Städten[56] systema-

---

55 Jane Jacobs, *The Nature of Economies,* Random House, 2000.
56 Jane Jacobs, *The Death and Life of Great American Cities,* Random House, 1961.

tisch untersucht und dabei interessante Parallelen zwischen ökonomischen und ökologischen Systemen festgestellt: Für beide liegt das Geheimnis darin, die einströmende Energie mehrfach zu nutzen. Zu diesem Zweck müssen möglichst viele positive Rückkoppelungen geschaffen werden.

Ein gutes Beispiel dafür ist der Chiemgauer. Dank ihm kann der Staat mit 20 Millionen Euro Darlehen rund 240 Millionen Umsatz erzeugen, hiervon etwa 160 Millionen in der Region. Schlechte Beispiele sind die Ansiedlung von Logistikzentren. Im Zentrum von Zalando in Berlin arbeiten überwiegend Leute aus Polen. Die Lagerhallen von Koch, Neff & Volkmar in Erfurt wurden von zwei spezialisierten Unternehmen aus Graz und Ulm gebaut, brachten also lokalen Unternehmern keine Arbeit, und die tausend Billigjobs bei Zalando bringen maximal 10 Millionen lokalen Umsatz. Das Land Thüringen hat dafür aber mindestens 21,5 Millionen Euro nicht etwa verliehen, sondern verschenkt.

Wie man mit externen Investitionen positive nationale Rückkoppelungseffekte schaffen kann, hat China vorgemacht. Es verlangte von ausländischen Investoren eine einheimische Wertschöpfung von mindestens 60 Prozent und tut dies nach dem 2001 erfolgten Beitritt zur WTO immer noch, obwohl solche Praktiken eigentlich verboten sind.[57] Um diese Anforderungen durchsetzen zu können, hat China die entsprechenden Industrien mit staatlichen Mitteln gezielt aufgebaut und die positiven Rückkoppelungen selbst geschaffen. In einem Beitrag über moderne Wachstumstheorien zitiert der Harvard-Ökonom Prof. Dani Rodrik einen chinesischen Apple-Mana-

---

57 http://www.chinalawandpractice.com/Article/1693846/Channel/ 7576/Local-Content-Requirements-After-Chinas-WTO-Entry.html (Stand: 31.12.2013).

ger wie folgt: »Die ganze Wertschöpfungskette (für das iPhone) ist jetzt in China. Brauchen Sie schnell mal tausend Gummidichtungen? Die Fabrik nebenan liefert sie. Sie brauchen eine Million Schrauben? Einen Häuserblock weiter freut man sich über Ihren Auftrag. Die Schrauben müssen ein bisschen kleiner sein? In drei Stunden sind wir so weit.«[58]

Eine andere Möglichkeit, lokale Rückkoppelungen zu erzwingen, wäre ein Mindestlohn. Ein Stundenlohn von 7,01 Euro, wie er in Deutschlands Logistikzentren üblich ist, kostet Deutschland nur zusätzliche Sozialausgaben. Es sei denn, die Arbeitnehmer reisen – wie bei Zalando in Berlin – täglich von Polen ein. Oder sie werden – wie beim Amazon-Logistikzentrum in Graben bei Augsburg – in einem verlotterten Ferienheim kaserniert und von einem dubiosen privaten Sicherheitsdienst überwacht. Für die einzelnen Bundesländer oder Gemeinden lohnen sich solche Ansiedlungen nur deshalb halbwegs, weil die zusätzlichen Sozialausgaben auf Bundesebene anfallen, aber vor Ort ausgegeben werden. Ein Mindestlohn von 15 Euro pro Stunde, mit dem auch die beim Staat anfallenden Kosten gedeckt werden, würde dem ruinösen Unterbieterwettbewerb einen Riegel schieben. Zudem würde er die Politiker zwingen, sich intelligentere Formen der Wohlstandsförderung auszudenken.

Doch positive Rückkoppelungen hängen nicht nur vom Geld- und Kreditwesen ab, sondern auch von den Familienstrukturen. In Grossfamilien finden mehr Rückkoppelung und Wertschöpfung statt als bei getrennt lebenden Alleinerziehern. Eine mobile Gesellschaft hat weniger Rückkoppelungen

---

58 Dani Rodrik, *The Past, Present and Future of Economic Growth*, Global Citizen Foundation, 2013.

als eine sesshafte. Auch städtebauliche Fragen spielen eine Rolle. Ein öffentlicher Park, ein Spielplatz oder ein Schwimmbad helfen dabei, Beziehungen zu knüpfen, sich auszutauschen und gegebenenfalls gegenseitig zu unterstützen.

Eine ganz spezielle Art der lokalen Rückkoppelung hat sich die Kleinstadt Todmorden in Nordengland ausgedacht. Wie anderswo scheint auch dort die Sonne stundenlang auf fruchtbare, aber brachliegende Erde. 2008 haben zwei initiative Frauen beschlossen, diese einströmende Energie zu nutzen. Ihr Projekt: Bis 2018 soll das 15 000-Seelen-Städtchen punkto Ernährung autark werden. Zu diesem Zweck haben die beiden lokal gut vernetzten Damen allerlei Rückkoppelungsprozesse in Gang gesetzt und ihre private Initiative zu einem öffentlichen Projekt gemacht. Inzwischen werden fast alle verfügbaren Grünflächen von Hobbygärtnern unter der Anleitung von Profis bepflanzt. Ein begüterter Einheimischer hat ein Ausbildungszentrum für Permakulturen gegründet, es wurde eine Käserei gegründet, in Kursen lernen die Todmordener, wie man Früchte einmacht, Gemüse fermentiert oder Brot bäckt. Die Restaurants beziehen ihr Gemüse und ihr Fleisch nun von lokalen Produzenten, die biologisch anbauen. Todmorden hat das Urban Farming nicht erfunden, aber auf die Spitze getrieben und zu einem sozialen Event gemacht. Andere Kleinstädte, wie etwa Andernach am Rhein, ahmen das Beispiel inzwischen nach. Rein finanziell gesehen mag die Idee, nördlich des 53. Breitengrades Selbstversorgung anzustreben, suboptimal sein. Doch für die Todmordener ist nicht das Geld, sondern die Zeit der kritische Faktor. Ihr Tag hat genau 24 Stunden. Es gilt, diese Zeit möglichst optimal zu nutzen. Die Marktwirtschaft benötigt immer weniger Arbeit. In der Grafschaft Yorkshire betrug die Arbeitslosenquote 2013 gut 9 Prozent. Dazu kamen andere Personen, die mehr oder weniger freiwillig aus dem Arbeitsleben ausgeschieden waren: Unterbeschäftigte, Frühpensionierte und von der Erwerbsarbeit Frustrierte. Viele von ihnen sehnten sich nach einer selbstbestimmten Tätigkeit, in Gesellschaft und möglichst in unmittelbarer Nachbarschaft. Das Urban Gardening bietet ihnen etwas, das die Erträge an Kalorien, Vitaminen und Mineralstoffen nebensächlich erscheinen lässt. Doch weil der Hang zur Perfektion auch vor der freiwilligen Arbeit nicht Halt macht, findet der technologische Fortschritt auch in Todmorden statt. Man bastelt nicht nur, sondern bildet sich auch weiter, berät sich gegenseitig und wendet zwar arbeitsintensive, aber moderne Methoden der biologischen Landwirtschaft an. Dank dieser Professionalisierung kann das selbstversorgende Nahrungsmittelhandwerk auch rein kostenmässig mit der industriellen Fertigung mithalten: Es braucht zwar mehr Personal, aber keine grossen Flächen. Die Kosten für Arbeitsweg, Transport, Lagerung, Amortisation von teuren Geräten und Marketing entfallen weitgehend. Berücksichtigt man die in der globalisierten Nahrungsmittelindustrie üblichen rund 25 Prozent Warenverlust, machen all diese Faktoren zusammen rund 80 Prozent der Gesamtkosten aus.

Todmorden wird punkto Nahrungsmittelversorgung wohl nie autark werden. Das ist auch nicht das angestrebte Ziel. Doch dieses Kleinstädtchen vermittelt eine Ahnung davon, wohin die Reise gehen könnte: in Richtung von mehr Selbstversorgung, weniger Abhängigkeit vom Geldeinkommen und fliessenden Übergänge von Arbeit, Freizeit und Spass. In einer Welt, in der die materiellen Bedürfnisse bis über die Sättigungsgrenze hinaus erfüllt sind, wird die Qualität der Arbeit wichtiger als ihr Ergebnis.

Buffalo, die Chiemsee-Region und Todmorden zeigen, wie die Zukunft einer lokaleren Wirtschaft aussehen könnte. Erfurt und Zalando illustrieren, was uns droht, wenn wir die Weichen nicht rechtzeitig stellen und weiterhin auf »Wettbewerbsfähigkeit« setzen statt auf positive Rückkoppelung. Die beiden gegensätzlichen Szenarien machen auch klar, dass das gewohnte wirtschaftspolitische Instrumentarium bei Weitem nicht ausreicht. Letztlich geht es nicht um Ökonomie, sondern um die Frage, wie wir unsere Gesellschaft organisieren.

KAPITEL 11

Das Duell zweier Zukünfte

Eine Welt mit gegen zehn Milliarden Menschen zu ernähren, für eine faire Verteilung des Wohlstandes zu sorgen und dabei den Planeten nicht zerstören: das ist die monumentale Aufgabe, die auf die Menschen des 21. Jahrhunderts wartet. Nach dem Scheitern des Sozialismus sind zu ihrer Bewältigung zwei Wirtschaftsordnungen übrig geblieben: Neoliberalismus und Linksliberalismus. Beide konnten die Hyperglobalisierung nicht verhindern, beide werden daher nicht in der Lage sein, diese Aufgabe zu lösen. Was wird als Nächstes kommen? In Umrissen lassen sich bereits heute zwei Modelle erkennen. Wir bewegen uns entweder auf eine Techno-Feudalgesellschaft zu, die logische Konsequenz der Hyperglobalisierung. Ihr wirtschaftliches Fundament bilden monopolartige, internationale Konzerne, die ein immer feiner geknüpftes Supply-Chain-Netz über den gesamten Planeten ausbreiten werden. Die politische Führung liegt in den Händen einer globalen Elite bestehend aus Topmanagern, Bankern und Politikern. Die Alternative dazu ist die Verwirklichung des alten Traums der Aufklärung: eine Gesellschaft aus einer breiten Mittelschicht mit mündigen Bürgerinnen und Bürgern. Die ökonomische Basis dieser Bürgergesellschaft bilden primär lokale und regionale Kreisläufe, in denen sich vorwiegend kleine und mittlere Unternehmen in einem friedlichen Wettbewerb ohne Wachstumszwang befinden. Heute stehen wir an einem Wendepunkt. Die Art und Weise, wie wir den technischen Fortschritt nutzen und welche Rolle künftig der Nationalstaat spielen wird, wird entscheidend sein.

Die Techno-Avantgarde

Das Silicon Valley ist nicht nur das Zentrum der IT-Industrie, und die neu gewordenen Milliardäre verstehen sich nicht mehr bloss als erfolgreiche Unternehmer. Sie sehen sich als Avantgarde, die die Menschheit in eine neue Welt führen wird. Wie einst der aufgeklärte Adel des 18. und 19. Jahrhunderts beginnen die IT-Milliardäre, Wissenschaft und Forschung in die eigenen privaten Hände zu nehmen. Das reicht vom Spleenigen – Google-Co-Gründer Sergey Brin finanziert beispielsweise die Entwicklung eines Hamburgers, der nicht mehr aus Rindfleisch, sondern aus synthetischem, im Labor aus einer Stammzelle gezüchteten Material hergestellt wird – bis zum Phantastischen. So hat wiederum Google kürzlich eine neue Tochterfirma namens Calico vorgestellt, ein Biotech-Unternehmen. Geleitet wird es von Arthur Levinson, einem Biotech-Superstar, der mit seinem Team daran arbeitet, die Krankheit »Alter« zu überwinden. Google will uns so den Weg zum ewigen Leben ebnen.

Zwischen Spleen und Phantasmagorie existieren die unterschiedlichsten Projekte. Eines davon sind die sogenannten Charter Cities, Städte mit einer eigenen Verfassung. Die Idee dazu stammt von Paul Romer, Ökonomieprofessor und erfolgreicher IT-Unternehmer auf dem Gebiet der Online-Bildung. Um die Zuwanderung in Industrienationen zu verhindern, will Romer in Entwicklungsländern Städte errichten lassen, die von westlichen Experten gebaut und verwaltet werden. Anstatt ihr Glück in den Industrienationen zu finden, können die Einheimischen in diese Städte ziehen. Dort haben sie die Möglichkeit, ihre wirtschaftliche Situation zu verbessern, allerdings nur, wenn sie auf ihre demokratischen Rechte verzichten. Charter Cities im Sinne von Romer sind eine verschärfte Version des Stadtstaates Singapur. Die Idee wird auch bereits umgesetzt. Patri Friedman, ein Enkel des legendären Ökonomen Milton Friedman, ist im Begriff, eine solche Charter City in Honduras zu verwirklichen.

Am meisten fasziniert die IT-Milliardäre jedoch die Raumfahrt. Wer im Silicon Valley Rang und Namen hat, kauft sich heute keine Yacht, sondern beteiligt sich an einem Raumschiff. Am bekanntesten ist Space X, ein Projekt von Elon Musk, der schillerndsten Figur der Szene. Er wird bereits als neuer Steve Jobs gefeiert und mit Thomas Edison verglichen. Musk hat mit dem Internetbezahldienst PayPal seine erste Milliarde verdient; mit dem elektrisch betriebenen Tesla ist er im Begriff, die Autoindustrie zu revolutionieren. Space X ist ein privates Raumschiffunternehmen, das eng mit der Nasa zusammenarbeitet. Zusammen haben sie im Mai 2012 die erste privat finanzierte Rakete ins All geschossen. Musk ist überzeugt davon, dass die Menschheit langfristig nur überleben kann, wenn sie sich neuen Lebensraum im All erschliesst. Mit dieser Meinung ist er in bester Gesellschaft. Paul Allen, Mitbegründer von Microsoft, ist Miteigentümer vom Space-ShipOne. Amazon-Gründer Jeff Bezos mischt bei Blue Origin mit, Ex-Intel-Manager Jeff Greason bei XCOR Aerospace. Ebenfalls an Raumschiffprojekten beteiligt sind Larry Page von Google und Hollywood-Regisseur James Cameron (Avatar, Titanic).

In Europa werden diese Pläne mit einer Mischung aus Unglauben und Spott zur Kenntnis genommen: Reiche Männer, die mit überdimensionierten Modelleisenbahnen spielen. Das könnte sich als gefährliche Arroganz erweisen. In den USA werden Elon Musk & Co. regelmässig mit den höchsten Wissenschaftspreisen ausgezeichnet. Ihre Unternehmen werden von Barack Obama persönlich besucht, und die Medien feiern sie als neue Superstars. Wer all dies als eine Art erweitertes Disneyland abtun will, sollte sich Folgendes vor Augen halten: Craig Venter, der Entschlüssler des menschlichen Genoms, antwortete auf die Frage, ob er Gott spielen wolle, einst: »Wir spielen nicht.«

Die völlig divergente Weltsicht der neuen Elite im Silicon Valley und der alten Intelligenz in Europa manifestiert sich exemplarisch im unterschiedlichen Ansehen von Ray Kurzweil. Der Altmeister der künstlichen Intelligenz, der von drei US-Präsidenten ausgezeichnet wurde und 19 Ehrendoktortitel verliehen bekam, ist der Erfinder der Singularity-These. Sie postuliert, dass bereits im Jahr 2040 künstliche und menschliche Intelligenz miteinander verschmelzen werden und damit ein virtuelles Leben im Cyberspace ermöglichen. Kurzweil gilt in Europa bestenfalls als origineller Spinner, im Silicon Valley ist er eine Kultfigur. Google hat ihn als Berater engagiert, an der Singularity University werden seine Thesen weiter erforscht und verbreitet. Und niemand lacht, wenn Kurzweil in seinem jüngsten Buch Sätze schreibt wie: »Unsere verschiedenen Technologien verschmelzen alle zur Informationstechnologie, die sich wiederum exponenziell weiterentwickelt. Dank diesen Technologien werden wir die grossen Herausforderungen der Menschheit lösen können. Dazu gehören das Erhalten einer gesunden Umwelt, die Ressourcen für eine wachsende

Bevölkerung, das Besiegen von Krankheiten, die Verlängerung des Lebens und das Überwinden von Armut.«[59]

Wie gross Kurzweils Einfluss in der IT-Szene ist, zeigt etwa das Buch von Eric Schmidt, Ex-CEO von Google. Zusammen mit dem Zukunftsforscher Jared Cohen schildert er darin, wie unsere Zukunft aussehen könnte, wenn IT und multinationale Konzerne sich verbünden: den Techno-Feudalismus in Reinkultur.[60] Die Supply Chains werden noch raffinierter konstruiert, Unternehmen sind rund um den Globus verstreut. »Es wird nicht mehr ungewöhnlich sein, wenn ein französischer Technologiekonzern seinen Vertrieb in Südostasien, seine Personalabteilung in Kanada und seine Ingenieure in Israel hat«, schreiben Schmidt und Cohen. Weil Distanzen nebensächlich geworden sind, spielt es auch keine Rolle, wo die Manager dieser Unternehmen herkommen und wo sie wohnen. Sie, und bald wir alle, werden einen ortsunabhängigen, normierten Lebensstil führen: »Ihre Wohnung ist ein elektronisches Orchester, und Sie, und bald wir alle, sind der Dirigent. Mit einfachen Handbewegungen und gesprochenen Befehlen können Sie die Temperatur, Luftfeuchtigkeit, Musik und Beleuchtung regeln. Auf einem durchsichtigen Bildschirm überfliegen Sie die Nachrichten des Tages, während Ihr automatischer Kleiderschrank Ihnen einen frisch gebügelten Anzug bereitstellt, weil Ihr Kalender für heute einen wichtigen Termin verzeichnet. Auf dem Weg zum Frühstück in der Küche schwebt der durchsichtige Bildschirm, gelenkt von Bewegungsmeldern in den Wänden, als Holographie direkt vor Ihnen her. Sie nehmen sich eine Tasse Kaffee und ein frisch aufgebackenes Hörnchen

59 Ray Kurzweil, *How to Create a Mind: The Secret of Human Thought Revealed*, Viking Penguin, 2012.
60 Eric Schmidt, Jared Cohen, *Die Vernetzung der Welt*, Rowohlt, 2013.

aus Ihrem vollautomatisierten Ofen und überfliegen Ihre
E-Mails auf dem Bildschirm. Ihr zentraler Computer schlägt
eine Reihe von Hausarbeiten vor, die Ihr Dienstroboter heute
erledigen soll, und Sie stimmen allen Vorschlägen zu.«

Fortschritt. Welcher Fortschritt?

Was immer man von Schmidt und Cohens Zukunftsvision
halten mag – vorläufig ist unsicher, ob sie je eintreffen wird.
Was technische Innovationen und ihre Folgen für Wirtschaft
und Gesellschaft anbelangt, herrscht derzeit eine grosse Kon-
fusion. Der Glaube, wonach dem Erfindungsreichtum des
Menschen und dem Preismechanismus des Marktes keine
Grenzen gesetzt sind, ist mit der Wirtschaftskrise nachhaltig
erschüttert worden. Robert J. Gordon, Professor für Sozialwis-
senschaften an der amerikanischen Northwestern University,
hat eine weltweite Innovationsdebatte angestossen. Seine
Kernthese lautet: Einen mit den beiden bisherigen industriellen Revolutionen vergleichbaren Wachstumsschub wird uns
die digitale Revolution nicht bescheren. Wir müssen uns vielmehr auf eine lange Phase mit wenig Innovation einrichten,
auf ein mickriges Wirtschaftswachstum und stagnierenden
Wohlstand.

Folgen wir Gordons Argumentation: Seit der Weiterent-
wicklung der Dampfmaschine durch James Watt in der zweiten Hälfte des 18. Jahrhunderts spricht man von drei verschiedenen industriellen Revolutionen. Die Dampfmaschine
machte die Textilindustrie und die Eisenbahn möglich und
legte so die Basis für die erste industrielle Revolution. Rund
hundert Jahre später wurde der elektrische Strom entdeckt,

womit die zweite industrielle Revolution eingeleitet wurde. Zusammen mit dem Verbrennungsmotor und dem Auto hat die Elektrizität das 20. Jahrhundert geprägt und die Wirtschaft am Laufen gehalten. Damit soll nun Schluss sein. »Der grosse Schub, den diese Erfindungen dem Wirtschaftswachstum verliehen haben, ist schwer zu wiederholen«, stellt Robert Gordon fest.[61] »Die Transportgeschwindigkeit kann nur einmal vom Pferd (10 km/h) zu einer Boeing 707 (885 km/h) gesteigert werden. Nur einmal können Plumpsklos durch Wassertoiletten ersetzt werden. Nur einmal kann die Raumtemperatur durch Heizung und Klimaanlage das gesamte Jahr über stabil gehalten werden.« Den gegenwärtigen Hype um die Digitalisierung hält Gordon für übertrieben, die Erwartungen an Internet und Smartphone für überzogen. »Der Höhepunkt der Hochzeit zwischen Kommunikation und Computer war erreicht, als sich ab den 1990er Jahren das Internet verbreitete«, sagt er. »Amazon.com wurde 1994 gegründet, Google 1998 und Wikipedia 2001. Seit 2002 allerdings führten die meisten Computerinnovationen nicht mehr zu fundamentalen Transformationen, sondern zur Miniaturisierung – so wie bei Smartphones, welche die Fähigkeiten von Laptops vor dem Jahr 2002 mit Fähigkeiten von Mobiltelefonen verbinden.« Insgesamt zieht Gordon eine eher pessimistische Bilanz: »Ich sage kein Ende der Innovationen voraus, sondern eine sinkende Nützlichkeit künftiger Erfindungen im Vergleich zu den grossartigen Erfindungen der Vergangenheit.«

Diese Einschätzung hat prominente Unterstützung gefunden. Edmund Phelps, Ökonomieprofessor an der Columbia

---

61 Robert J. Gordon, »Is U.S. Economic Growth Over?« *Working Paper No. 18315,* National Bureau of Economic Research, 2012.

University und Nobelpreisträger, kann in den volkswirtschaftlichen Statistiken ebenfalls keine Spuren einer dank technischer Innovation erhöhten Produktivität erkennen. Er kommt deshalb ernüchternd zum Schluss: »Man kann – überspitzt formuliert – auch sagen, die Innovation beschränkt sich derzeit auf einen schmalen Streifen an der Westküste des Landes. Im Kerngebiet spüren wir jedoch kaum etwas davon.«[62] Selbst im Silicon Valley erhält Gordon teilweise Zustimmung. Etwa von Peter Thiel, Milliardär und Vordenker der IT-Szene: »IT machte den Prozess der Globalisierung möglich und ein effizientes Management, das zu Wachstum und steigenden Reallöhnen führte. Aber es vermittelt auch ein falsches Gefühl der Geschwindigkeit der technischen Entwicklung. Wir können heute mit unseren Smartphones niedliche Bilder von jungen Katzen rund um den Erdball schicken. Aber die reale Landschaft um uns herum ist beinahe dieselbe wie in den 1960er Jahren. Unsere Fähigkeiten, uns vor grundlegenden Dingen zu schützen, vor Erdbeben und Hurrikans, nimmt kaum zu, ebenso wenig die Möglichkeit, länger zu leben.«[63]

Das gute Leben als Avatar

Die Techno-Pessimisten sind jedoch in der Minderheit. Sehr viel weiter verbreitet ist der Glaube an eine rosige technologi-

---

62 Edmund Phelps, *Mass Flourishing: How Grassroots Innovation Created Jobs, Challenge, and Change,* Princeton University Press, 2013.

63 Garry Kasparow, Peter Thiel, »Our dangeours illusion of tech progress«, *Financial Times,* 8.11.2012, http://www.ft.com/cms/s/0/8adeca00-2996-11e2-a5ca-00144feabdc0.html#axzz2ptMqbYcT (Stand: 31.12.2013).

sche Zukunft. Die gewaltigen Fortschritte auf dem Gebiet der Spracherkennung und mit von Software gesteuerten Autos wertet man als erste Anzeichen einer sich abzeichnenden digitalen Revolution, deren Treiber Big Data und Smartphones sein werden. Tatsächlich sind die Fortschritte spektakulär. Big Blue, ein von IBM entwickelter Supercomputer, hatte schon 1986 den amtierenden Schachweltmeister Kasparow entthront. Sein Nachfolger Watson entschied 2011 das Ratespiel Jeopardy, bei dem es um Allgemeinwissen geht, klar für sich. Watson hat das digitalisierte Wissen von ganzen Bibliotheken in seinem elektronischen Hirn gespeichert und kann es mittels spezieller Algorithmen abrufen. Trösten kann uns allenfalls, dass Watson vorläufig noch die Energie eines kleinen Atomkraftwerkes braucht, um diese Leistung zu erbringen.

Während Gordon und Phelps kaum Auswirkungen dieser Innovationen auf die Volkswirtschaft erkennen können, sind sie für Erik Brynjolfsson und Andrew McAfee, zwei Ökonomen am Massachusetts Institute of Technology (MIT), die Vorboten einer neuen Wirtschaftsordnung. Sie kommen zum Schluss: »Die Geschwindigkeit und das Ausmass dieser Ausdehnung in humane Tätigkeiten ist relativ neu und hat profunde wirtschaftliche Implikationen. Die Wurzel all unserer aktuellen Probleme ist nicht der Umstand, dass wir uns in einer grossen Rezession befinden oder gar in einer grossen Stagnation. Vielmehr sind es die Anzeichen einer grossen Restrukturierung, die uns Sorgen machen. Unsere Technologien stürmen voran, aber viele unserer Fähigkeiten und unsere Organisationen können nicht mehr mithalten.«[64]

---

64 Erik Brynjolfsson, Andrew McAfee, *Race against the Machine: How the Digital Revolution is Accelerating Innovation,* Digital Frontier Press, 2011.

Das Voranstürmen der Technologien verläuft nicht ohne Nebengeräusche. Die hohe Arbeitslosigkeit fördert soziale Spannungen. Die Zustände in Griechenland erinnern bereits an die Weimarer Republik, auch in vielen anderen Defizitländern spitzt sich die Lage zu. Wie lange wird der soziale Frieden noch halten? Die Techno-Feudalisten gehen davon aus, dass Big Data dieses Problem lösen wird. Wie der Schnüffelskandal um den US-Geheimdienst NSA zeigt, ist die Überwachung heute schon fast total. »Die Bürger werden gar nicht bemerken, mit welcher Leichtigkeit ihnen der Staat ihre Geheimnisse entreisst«, stellen denn auch Schmidt und Cohen fest. »Schon heute gibt es Software, mit deren Hilfe man von aussen die Kameras von Laptops ansteuern, unbemerkt in die Wohnungen von Dissidenten eindringen und sich alles ansehen und anhören kann, was dort geschieht und gesprochen wird.« Der totalitäre Albtraum von Big Brother in Orwells *1984* ist damit nicht mehr fern. »Ein voll integriertes Informationssystem […] ist möglicherweise derart mächtig, dass man gar nicht verantwortungsbewusst damit umgehen kann, selbst wenn man es wollte. Und wenn ein solches System einmal eingerichtet worden ist, wird es nie mehr verschwinden«, stellen Schmidt und Cohen fest.

Der Überwachungsstaat ist in dieser Weltsicht jedoch nicht mehr das eigentliche Problem. Das wahre Leben wird sich ohnehin nicht mehr in der Realität, sondern virtuell abspielen. Schmidt und Cohen stellen uns in Aussicht, dass wir künftig auf Privatsphäre und Autonomie verzichten. Dafür werden unsere Möglichkeiten im Cyberspace unbeschränkt. Wir leben, ganz im Sinne der Charter Cities von Paul Romer, in einer Welt, in der wir individuelle Freiheit und Selbstbestimmung für materielle Sicherheit und unbegrenztes Konsumvergnügen eingetauscht haben. Das könnte dann etwa so aussehen: »Sind Sie gelangweilt und wollen einen einstündigen Urlaub einschieben? Warum schalten Sie nicht einfach Ihr Hologerät ein und besuchen den Karneval in Rio? Sie sind gestresst? Verbringen Sie doch ein wenig Zeit an einem Strand auf den Malediven! Sie haben Angst, dass Ihre Kinder zu verwöhnten Gören werden? Schicken Sie sie doch zu einem Spaziergang durch die Slums von Mumbai! Sie sind enttäuscht von den Übertragungen der Olympischen Spiele? Kaufen Sie sich zu einem vernünftigen Preis ein holographisches Ticket und lassen Sie die Bodenturnerinnen live in Ihrem Wohnzimmer antreten.«[65] Der Mensch findet sein Glück als Avatar.

Der Techno-Feudalismus kurz zusammengefasst: Eine globale Elite herrscht über eine durchorganisierte, von Robotern betriebene Wirtschaft. Der Mittelstand wird weitgehend überflüssig. Weltweit entsteht eine neue Unterschicht. Es handelt sich dabei um Menschen, die unter prekären Umständen Gelegenheitsjobs ausfüllen, sich von Junkfood ernähren, sich die Zeit mit Computerspielen vertreiben und permanent überwacht werden. Mit anderen Worten: ein Albtraum. Zum Glück zeichnet sich alternativ dazu bereits heute eine aufgeklärte Bürgergesellschaft ab, und zwar in den real existierenden Städten. Anders als in den Charter Cities zwingt keine kleine Elite die Massen mit autoritären Mitteln zu ihrem bescheidenen Glück. In verschiedensten Städten lassen sich Bürgerbewegungen erkennen, die mit neuen Wirtschaftsformen experimentieren. Dabei knüpfen sie, ob bewusst oder unbewusst, an die Beispiele von Todmorden und Wörgl an (siehe Kapitel 10).

---

65 Eric Schmidt, Jared Cohen, *Die Vernetzung der Welt,* Rowohlt, 2013.

Der Aufstand der Städte

Fast wöchentlich wird irgendwo auf der Welt ein neues Smart-City-Projekt vorgestellt, jeden Monat erscheint ein neues Sachbuch, das den Triumph der Städte feiert. Raumplaner und Ökonomen sprechen bereits von einem Sterben des Nationalstaates und einer Wiedergeburt der Städte, mit ähnlicher Wichtigkeit wie im Mittelalter. »In vieler Hinsicht führen Städte und Metropolen die Welt zurück in die Ära vor dem Westfälischen Frieden, als ein Netzwerk von Handelsstädten – die Seidenstrasse, die mittelalterlichen Hansestädte – die Grundlagen für Handel und Wohlstand bildeten«, stellen die US-Ökonomen Bruce Katz und Jennifer Bradley fest.[66] Die beiden sind an der renommierten Denkfabrik Brookings Institute in Washington, D.C., tätig und erforschen dort die wirtschaftliche und soziologische Entwicklung der Städte.

Städte werden immer häufiger zur Notwehr gezwungen. Von den überschuldeten und politisch blockierten Nationalstaaten werden sie im Stich gelassen. Notwendige Kredite für Schulen, Universitäten und neue Infrastrukturprojekte werden jahrelang auf Eis gelegt. Das gilt selbst in der Schweiz. Um einen dringend benötigten S-Bahnhof bauen zu können, musste der Kanton Zürich die Baukosten vorfinanzieren. »Städte und Metropolen nehmen ihr Schicksal in die eigenen Hände«, stellen Katz und Bradley fest. »Sie erneuern sich im Dienste einer höheren Ambition und einem notwendigen Übel und errichten so eine lokale Wirtschaft, die Wohlstand für alle schafft.« Zum selben Schluss kommt auch der Sozio-

---

66 Bruce Katz, Jennifer Bradley, *The Metropolitan Revolution: How Cities and Metros Are Fixing Our Broken Politics and Fragile Economy,* Brookings Institution, Press, 2013.

loge David Hess. »Im 21. Jahrhundert ist Lokalismus in erster Linie eine urbane Bewegung«, schreibt Hess.[67] »Die erste soziale Adresse des Lokalismus ist nicht mehr der Hippie-Farmer, der zurück zu einem einfacheren Lebensstil will. Es ist der lokale Detailhändler, die Kreditgenossenschaft, das Restaurant und die lokale Radiostation.«

Die Revolution der Metropolen ist verbunden mit der Erkenntnis, dass es eine Rückkehr zur realen Wirtschaft braucht. New York beispielsweise unternimmt grosse Anstrengungen, um sich aus der einseitigen Abhängigkeit von Wall Street zu lösen. Das Abschiedsgeschenk von Bürgermeister Michael Bloomberg ist eine neue technische Hochschule, die zusammen mit privaten Investoren, Mäzenen und der Wirtschaft gebaut wird. Universitäten spielen in den Städten eine bedeutende Rolle. Sie sind aus wirtschaftlichen Clustern nicht mehr wegzudenken. So lockt die ETH Zürich junge Fachkräfte an die Limmat und liefert die Voraussetzung für Netzwerke. Das wiederum ist der Humus, auf dem neue junge Unternehmen gedeihen, die für Innovation und Wohlstand sorgen. Herausragend ist auch die Bedeutung von Cleantech. »Städte und Metropolen weisen den Weg in die Wirtschaft mit tiefem Kohlenwasserstoffanteil«, stellen Katz und Bradley fest. »Die grössten 100 amerikanischen Metropolen beheimaten 78 Prozent aller Jobs in der Solarenergie, 80 Prozent in der Windenergie und 83 Prozent aller Jobs in Energieforschung und Beratung. Drei Viertel aller Cleantech-Arbeitsplätze, die zwischen 2003 und 2010 geschaffen wurden, befinden sich in grossen Metropolen.«

---

67 David Hess, *Localist Movement in a Global Economy: Sustainability, Justice, and Urban Development in the United States,* MIT, 2009.

Wenn die Städte nicht aus allen Nähten platzen sollen, muss sich die Form des Zusammenlebens ändern. Es entsteht, was Fachleute als »wanderbaren Urbanismus« bezeichnen: Städte müssen so gebaut werden, dass die Menschen ihre wichtigsten Tätigkeiten zu Fuss erledigen können. Die Aufteilung in Wohn- und Industriequartiere, in Einkaufsstrassen und Kulturmeilen wird obsolet, denn die damit verbundenen Verkehrsprobleme sind nicht mehr zu bewältigen, schon gar nicht mit dem Auto. Die Zukunft liegt nicht in Schlaf- oder Vorstädten, sondern in einem bunten Mix. Der »wanderbare Urbanismus« ist ein Quartier, in der sich Wohn- und Arbeitsplätze mischen, aber auch Shops, Restaurants und Kulturstätten. Selbst Landwirtschaft hat Platz. Urban Farming gehört zu diesem Lebensgefühl. In Zürich ist aus dem ehemaligen Fussballstadion Hardtum so etwas wie eine moderne Allmend entstanden, aus der die Quartierbevölkerung einen gemeinsamen Garten- und Freizeitplatz gemacht hat. Mitten in Basel züchten Jungunternehmen Fische und Gemüse, die sie an lokale Restaurants verkaufen. Auf möglichst umweltschonende Art und Weise sollen dabei jährlich 5 Tonnen Gemüse und 850 Kilo Fisch gezüchtet werden. Die englische Kleinstadt Todmorden macht vor, wie Selbstversorgung zum kulturellen und sozialen Happening werden kann.

»Wanderbarer Urbanismus« ist nicht den westlichen Gesellschaften vorbehalten. In Nordchina, 140 Kilometer von Peking entfernt, wird die Ökostadt Tianjin aus dem Boden gestampft. »In der Stadt, deren Gesamtfläche ungefähr einem Viertel der Schweiz entspricht, soll auch ein Modell für umweltfreundliches urbanes Leben entstehen, ein Beweis dafür, dass man sich auch in China Gedanken über die negativen

Folgen des rasanten Wachstums macht«, berichtet die NZZ.[68] Die chinesischen Ökostädte streben nach denselben Zielen wie die westlichen: Wasser soll grösstenteils gereinigt und wiederverwertet, Abfall auf ein Minimum reduziert werden. Um chaotische Verkehrszustände zu vermeiden, werden Einkaufsläden in Gehdistanz zu den Wohntürmen gebaut, genauso wie Arbeitsplätze. »80 Prozent der Einwohner sollen dereinst auch nahe ihrem Wohnort arbeiten.«[69]

Auf den Mix von Arbeit und Freizeit, Shoppen und Urban Farming sprechen die jungen Menschen der digitalen Gesellschaft besonders gut an. »In diesen Quartieren wird der zunehmende Wunsch von führenden Unternehmen nach offener Innovation und Zusammenarbeit mit Netzwerken von anderen Firmen, Universitäten und unterstützenden Institutionen respektiert«, stellen Katz und Bradley fest. »Vor allem aber sind diese innovativen Quartiere von der Basis getrieben, vor allem durch die Taten von lokalen Akteuren. Es gibt kein nationalstaatliches Programm, das landesweit für innovative Quartiere sorgen würde.« Als Paradebeispiel des neuen urbanen Lebensgefühls gilt Brooklyn. Noch in den 1980er Jahren schien dieser New Yorker Stadtteil im Elend zu versinken. Die berüchtigten Crackhäuser waren allgegenwärtig, die Strassen wurden von rivalisierenden Drogenbanden terrorisiert, normale Bürger getrauten sich nicht mehr in die Gegend. Heute vermittelt Brooklyn einen Vorgeschmack auf die beiden möglichen Zukunftsvarianten. Einerseits bestehen bereits Ansätze einer vielfältigen, dynamischen Alternativkultur. Kleingewerbe und Hightech, Künstler und Organic Farmer leben Seite an Seite

---

68 »Chinas grüne Fassaden«, *NZZ*, 18.7.2013.
69 Ebenda.

und lassen erahnen, wie eine nachhaltige urbane Wirtschafts-ordnung aussehen könnte. Andererseits ist es gerade dieser Mix, der Brooklyn extrem attraktiv für die neue Elite macht. Die Gentrifizierung ist voll im Schwung: Showstars und Investmentbanker lassen sich in der Nähe des Prospect Parks nieder und machen damit den Wohnraum für Normalbürger unerschwinglich.

Eine ambivalente Entwicklung findet auch in Detroit statt. In den 1960er Jahren war Motown eine der reichsten und grössten Städte der USA. Heute ist die Stadt pleite, die einst gut bezahlten Jobs bei GM, Ford und Chrysler sind weg. In Detroit findet man Slums, die denjenigen in Kalkutta an Armseligkeit nicht nachstehen. Die Kriminalität ist gigantisch, gegen 80 000 Häuser sind verlassen. Nur der Katastrophentourismus boomt. Doch inmitten dieses Zerfalls entsteht in der Detroiter Innenstadt ein innovatives Quartier. Quicken Loans, Amerikas drittgrösster Vermittler von Hypotheken, hat seinen Hauptsitz nach Detroit verlegt und beschäftigt dort bereits 10 000 Mitarbeiter. Auch Chrysler hat erstmals seit Langem wieder neue Büros in die City verlegt. Zudem haben die Arbeiten für ein neues City-Tram begonnen, dem ersten öffentlichen Verkehrsprojekt seit den 1950er Jahren. So entwickelt sich auch ein neues Lebensgefühl. Nach Feierabend trifft sich eine junge, gut ausgebildete und gut verdienende Mittelschicht in Bars und Cafés oder schlendert und shoppt entlang von Läden, in denen einheimische Handwerker und Künstler ihre Waren anbieten.

Warum sind die Städte so wichtig geworden? Die Antwort liegt auf der Hand. Heute schon lebt mehr als die Hälfte aller Einwohner dieses Planeten in Städten, im Laufe dieses Jahrhunderts wird dieser Anteil auf drei Viertel ansteigen. Das al-

lein zwingt uns dazu, die Städte neu zu erfinden. Die »wanderbare« Stadt entsteht auch deshalb, weil jeder vernünftige
Mensch inzwischen eingesehen hat, dass sich die städtischen
Verkehrsprobleme mit Autos schlicht nicht mehr lösen lassen.
Städte eignen sich zudem hervorragend als Laboratorien für
neue Formen des Zusammenlebens. Fast automatisch bilden
sich Cluster von Menschen mit denselben Interessen, die sich
austauschen und so ihre Ideen testen können. Städte sind
auch ideal für »die dritte industrielle Revolution« gemäss Jeremy Rifkin. Der amerikanische Politologe macht in seinem
gleichnamigen Buch auf einen Zusammenhang aufmerksam,
der für die Gesellschaft des 21. Jahrhunderts entscheidend sein
wird: die Verbindung von nachhaltiger Energie, moderner Informationstechnologie und Gesellschaftsform. Seine zentrale
These lässt sich wie folgt zusammenfassen: Die Klimaerwär-
mung wird die Menschen zwingen, ihre Wirtschaft grundle-
gend zu verändern, und zwar bald. »Die dritte industrielle
Revolution, von der ich spreche, ist eine absolute Notwendigkeit geworden«, sagt Rifkin und fügt hinzu: »Es gibt keine
Alternative. Es gibt keinen Plan B.« Zentraler Punkt dieser
dritten industriellen Revolution ist die Verschmelzung von Internet und erneuerbarer Energie. »Im 21. Jahrhundert werden
Hunderte von Millionen Menschen ihre eigene grüne Energie
erzeugen – in ihren Häusern, in Büros, in Fabriken – und
diese mit anderen über intelligente dezentrale Stromnetze –
‹Internetze› – teilen, so wie die Menschen heute ihre eigenen
Informationen erstellen und über das Internet mit anderen
teilen.«[70]

---

70 Jeremy Rifkin, *Die dritte industrielle Revolution. Die Zukunft der Wirtschaft
   nach dem Atomzeitalter,* Campus, 2011.

Die Fusion von Internet und erneuerbarer Energie wird zu einem wichtigen Treiber für lokale und regionale Wirtschaftsformen werden. »Das Internet ist nicht nur ein sehr mächtiges Kommunikationsinstrument, es ist auch eine neue Organisationsform«, stellt Rifkin fest. Anders als die fossile Energie ist die nachhaltige Energie nicht zentral, sondern dezentral ausgerichtet. Sonnenkollektoren und Windräder müssen nicht teuer gebaut und militärisch geschützt werden. »Die Situation im Energiebereich lässt sich vergleichen mit der Situation der Computer in den 1970er Jahren«, sagt Rifkin. »Damals dominierten die Mainframe-Computer von IBM, die zur herrschenden Hierarchie gepasst haben. Heute haben wir grosse Energieunternehmen, die Strom mehrheitlich zentral erzeugen und dann verteilen – die IBM-Situation. Doch bald wird es Millionen von Gebäuden geben, die selbst Energie produzieren. Mit anderen Worten: Die Entwicklung in der IT-Branche – vom Mainframe zum Deskcomputer, zum Laptop und zum Smartphone – wird sich im Energiesektor wiederholen.«

Und was ist mit dem Nationalstaat?

Die Frage drängt sich auf: wenn lokale und regionale Wirtschaftskreisläufe immer mehr an Bedeutung gewinnen, wenn Städte ihr Schicksal vermehrt in die eigenen Hände nehmen. Warum brauchen wir dann noch einen Nationalstaat? Mit dieser Frage beschäftigt sich auch der österreichische Schriftsteller Robert Menasse und kommt zu folgender radikalen Antwort: »Wir müssen eine neue Demokratie erfinden. Eine, die nicht an die Idee des Nationalstaates gekoppelt ist. […] Wenn wir nachhaltig Frieden auf dem Kontinent schaffen wollen, dann müssen wir den Nationalismus im Kern ersticken, will heissen: den Nationalstaat überwinden. Diese Lektion war nach dem Zweiten Weltkrieg allen klar. Heute wird sie wieder vergessen.«[71] Die Demokratie neu erfinden heisst für Menasse konkret, ein »Europa der Regionen« schaffen. Das hätte zwangsläufig zur Folge, dass der Nationalstaat seine sozial- und wirtschaftspolitischen Kompetenzen an eine supranationale Instanz abtreten müsste, denn es leuchtet ein: Ein »Europa der Regionen« kann nicht funktionieren, wenn Franzosen mit 60 und Deutsche mit 67 Jahren in Rente gehen, oder wenn Arbeitslosen- und Krankenkasse in jedem Land völlig unterschiedliche Leistungen anbieten. Ein »Europa der Regionen« wäre eine ideale politische Ergänzung zu einer Wirtschaftsordnung, die sich auf regionale und lokale Kreisläufe stützt. Gleichzeitig würde damit der aktuell grössten politischen Gefahr ein Riegel vorgeschoben: dem Wiederaufflackern des Nationalismus. Nicht nur in Griechenland sind die Anzeichen alarmierend; würde derzeit in Frankreich gewählt, hätte die neofaschistische Führerin Marine Le Pen die besten Chancen, Präsidentin zu werden. In Finnland liegen die Wahren Finnen bei Meinungsumfragen in Führung und in den lange als äusserst tolerant geltenden Niederlanden die chauvinistische und muslimfeindliche Freiheitspartei.

Auf den ersten Blick scheinen regionale Wirtschaftsordnung und »Europa der Regionen« somit ideale Partner zu sein. Auf den zweiten Blick fehlt jedoch etwas Entscheidendes. Darauf macht Dani Rodrik, Ökonomieprofessor an der Princeton University, aufmerksam. Gerade die jüngste Krise habe einmal mehr gezeigt, dass der Nationalstaat der einzige wir-

---

71 Robert Menasse, *Der Europäische Landbote*, Zsolnay, 2012.

kungsvolle Regulator sei. »Es war die heimische Politik, die einschreiten musste, um einen ökonomischen Zusammenbruch zu verhindern«, stellt Rodrik fest.[72] »Es waren nationale Regierungen, die Banken gerettet, Liquidität ins Geldsystem gepumpt, Konjunkturprogramme gestartet und Schecks für Arbeitslose unterzeichnet haben. Oder wie es der Gouverneur der Bank of England treffend formuliert hat: Banken sind global, solange sie lebendig sind, aber national, sobald sie todkrank geworden sind.«

Gemäss Rodrik lässt sich der Nationalstaat bezüglich dieser Funktionen nicht ersetzen. Zu unterschiedlich seien die Bedürfnisse der einzelnen Völker. Was für Chile taugt, eignet sich nicht für China; eine ideale Lösung für die Schweiz wäre möglicherweise in Brasilien ein Flop. Zu unterschiedlich sind auch die Grössenordnungen. Kalifornien ist politisch gesehen bloss ein Teilstaat, ökonomisch hingegen die achtgrösste Volkswirtschaft der Welt. Selbst kleine Metropolen haben heute ein grösseres Bruttoinlandprodukt als Island. All dies lässt sich nicht unter einen Hut bringen. Man könnte Menasses Logik auch auf den Kopf stellen: Gerade weil die EU von vielen Menschen als ein zentralistisches Monster betrachtet wird, das die soziale Schutzfunktion des Nationalstaates untergräbt, erhebt der Nationalismus erneut sein scheussliches Haupt. Vergessen wir nicht: Das Abkommen von Lissabon, das die Grundlage der EU-Wirtschaftspolitik bildet, ist seinem Charakter nach ein neoliberales Manifest.

Europas neue Rechte – ob faschistoid angehaucht oder neoliberal eingefärbt – weidet das Dilemma zwischen EU und den Nationalstaaten genüsslich aus. So höhnte Geert Wilders,

---

72 Dani Rodrik, *Who Needs the Nation State?*, Harvard University, 2012.

der Führer der holländischen Freiheitspartei: »Die Menschen realisieren allmählich, dass die sogenannten Europhilen Europas Nationen zerstören wollen, die Heimstätte der nationalen Demokratien. Das werden die Menschen aber nicht zulassen. Sie kaufen die Lüge, wonach Patriotismus gefährlich sei, nicht mehr ab. Sie stellen ihren nationalen Stolz und ihre Identität wieder her.«[73] Die Mitglieder der neuen Rechten präsentieren sich als Patrioten und Demokraten. Die EU sei zu einer Art Sowjetunion verkommen, spottet Wilders. »Sie zerstört unsere nationalen Demokratien. Sie ist eine EUSSR geworden.«

Patriotismus ist Liebe zur Heimat und tatsächlich nicht gefährlich. Doch was ist Heimat? Ausser bei Kleinstaaten ist es die Region, nicht die Nation. Heimat ist Bayern, nicht Deutschland, Tirol, nicht Österreich, oder Basel, nicht die Schweiz. Patriotismus und regionale Wirtschaftskreisläufe sind natürliche Partner. Man ist stolz auf seine Heimat und die Produkte, die ihre Wirtschaft herstellt. Daher begegnet man Fremden selbstbewusst und mit Respekt. Nationalismus hingegen funktioniert anders. Patriotismus wird mit Allmachtsphantasien angereicht und damit pervertiert. Es entsteht ein typisches Freund-/Fein-Schema. Menschen sehen plötzlich Feinde, wo es keine gibt, und Freunde, wo sie keine haben. Die Geschichte Europas zeigt eindrücklich, dass nationalistisch aufgeheizte Menschen nicht in Frieden nebeneinander leben können. Es gibt keinen Grund zur Annahme, dass sie es in Zukunft tun könnten.

---

73 Geert Wilders, »The Resurgence of European Patriotism«, *Wall Street Journal,* 21.11.2013.

KAPITEL 12

Land und Leute

Die bedeutende Rolle, die Städten in der neuen Wirtschaftsordnung zukommt, war Thema des vorherigen Kapitels. Deswegen muss aber nicht alles, was aus den Städten kommt, gut sein. Das betont auch die renommierte Soziologin und Urbanistin Saskia Sassen. Gefragt, welches die grösseren Probleme der Städte seien, antwortete sie: »Ungleichheit, also die soziale Frage. Das greift sehr tief. Es geht dabei nicht einfach nur um höhere Löhne, sondern um totalen Ausschluss. Wenn die globalen Städte wachsen, dann verdrängen sie andere Wirtschaftsformen, Wohnquartiere, gewachsene Nachbarschaftsstrukturen.«[74] Und weiter führt Sassen aus: »Wir rechnen wie immer noch mit Grössen wie dem Bruttosozialprodukt. Wir sagen: Griechenland ist zurück auf dem Wachstumspfad. Dieses Wachstum bezieht sich aber nur auf einen geschrumpften ökonomischen Raum. Zuvor wurden etwa 30 Prozent der Arbeitskräfte entlassen. Das ist nicht einfach mehr Arbeitslosigkeit; diese Leute sind schlicht und einfach draussen. Es gibt weltweit eine ganze Reihe von Trends in die gleiche Richtung. Wir erforschen heute Probleme wie Armut, Migration oder Kriminalität zu isoliert. Man sollte das aus einem übergeordneten Blickwinkel untersuchen.«

Die Parallelen zu unseren Thesen sind unverkennbar: Sassen beklagt, dass die Geldwirtschaft »andere Wirtschaftsfor-

---

74 Saskia Sassen, »Zürich ist eine Art Dubai von Europa«, NZZ, 25.10.2013.

men« verdrängt und dass die Marktwirtschaft die Gesellschaft desorganisiert, unter anderem, indem sie immer mehr Menschen aus der Gesellschaft ausschliesst. Zu den Ausgeschlossenen gehören übrigens nicht nur die 30 Prozent Arbeitslosen, sondern auch die weiteren rund 20 Prozent, die ihre Gesundheit in einem Wegwerfjob ruinieren und sich immer weiter vom normalen Arbeitsmarkt und von der Gesellschaft entfernen. Sassen kritisiert schliesslich auch den verschleiernden Sprachgebrauch der Ökonomen, die statt von Ausschluss von Arbeitslosigkeit reden; sie suggerierten damit, dass es sich um ein rein konjunkturelles Phänomen handle, das sich von selbst erledige, sobald das Bruttosozialprodukt wieder wachse. Kurz: Sassen geht wie wir davon aus, dass die Hyperglobalisierung zu nicht mehr auflösbaren Widersprüchen führt. Dass es auch anders geht, zeigen die folgenden Beispiele.

Wie die Kubaner Ökobauern wurden

Der Fall der Berliner Mauer erschütterte nicht nur die morsche geopolitische Konstellation des Kalten Krieges, er wirkte bis in die Karibik. Fast über Nacht wurde Kuba vom Nachschub aus der taumelnden Sowjetunion getrennt. Im Jahr 1990 gingen der Import von Unkrautvertilgungsmittel um 60 Prozent, der Import von Dünger um 77 Prozent und jener für Öl für die Landwirtschaft um 50 Prozent zurück. Bis dahin waren Fidel Castros Bauern alles andere als ökologische Musterknaben gewesen. Der Industrialisierungsgrad der kubanischen Landwirtschaft war fast so hoch wie jener in Kalifornien. Ohne Hilfe aus Moskau konnte dieses System jedoch nicht mehr aufrechterhalten werden. Schlimmer noch: Weil die Kubaner auch keine Lebensmittel mehr erhielten, mussten sie ihre bisher auf Kunstdünger und Erdöl basierende Landwirtschaft nicht nur auf den Kopf stellen; um eine Hungerkatastrophe zu vermeiden, mussten sie auch gleichzeitig ihren Output verdoppeln.

Heute hat Kuba – aus ökologischer Perspektive – die modernste Landwirtschaft der Welt. Die Bauern haben gelernt, die natürlichen Ressourcen optimal zu nutzen und weitgehend auf Kunstdünger und Chemiekeulen zu verzichten. Auch Urban Farming ist in Kuba kein Trend, sondern Alltag. Havanna versorgt sich zu einem grossen Teil selbst. »Seit 1989 setzt die kubanische Regierung auf eine Politik, die auf einer neuen wissenschaftlichen Basis beruht, die besser auf knappe Ressourcen und auf die Notwendigkeit der Selbstversorgung abgestimmt ist«, schreibt Miguel Altieri, Agronomieprofessor an der Berkley University in Kalifornien und einer der führenden Agroexperten.[75] »Kubas neue Forschung legt grossen Wert darauf, das subtile, aber mächtige Potenzial biologischer Organismen zu verstehen und zu nutzen. Biologisch hergestellte Dünge- und Unkrautvertilgungsmittel bilden deshalb das Herzstück eines nach biologischen Grundsätzen funktionierenden Agroökosystems.«

Nicht alle Experten teilen diese Meinung. Paul Collier, Ökonomieprofessor in Oxford und Berater der Weltbank, kann da nur den Kopf schütteln. Um auf einem Planeten mit bald zehn Milliarden Menschen gewaltige Hungerkatastrophen zu verhindern, bräuchten wir industrielle Landwirtschaft und Gentech, so Collier. »Wir müssen bessere Pflanzen an-

---

75 Miguel Altieri, *Agroecology: The Science Of Sustainable Agriculture*, Westview Press, 1995.

bauen, und wir müssen von der kleinbäuerlichen Produktionsweise der Landwirtschaft wegkommen«, sagt er.[76] »Dank Gentech können wir widerstandsfähige Pflanzen züchten, die auch unter trockenen Bedingungen gedeihen. Dank Gentech können wir Pflanzen züchten, die sich gegen Schädlinge selbst verteidigen können und keinen massiven Einsatz von Chemie erfordern.« Das Gentech-Verbot in Europa ist für Collier folgerichtig »blanker Protektionismus« uneinsichtiger Bauern; Afrika Gentech zu verbieten, hält er gar für »kriminell«. Collier dürfte damit vielen aus dem Herzen sprechen. Biobauern und Organic Food ist nett, und wer es sich leisten kann, der soll es auch tun. Aber die Vorstellung, dass man damit das globale Ernährungsproblem lösen könnte, wird als lächerlich abgetan. Wenige mögen die industrielle Landwirtschaft lieben, und viele fürchten sich gar vor Gentech. Trotzdem werden beide, analog zu Lastwagen, als »schrötig, aber nötig« betrachtet.

Die meisten Menschen sind sich nicht bewusst, dass nach wie vor Kleinbauern rund die Hälfte aller Lebensmittel produzieren. Mit einer vernünftigeren politischen Unterstützung – vor allem bezüglich Subventionen und Zöllen – könnten es deutlich mehr sein. Ebenfalls ist kaum bekannt, dass Biobauern keineswegs romantische Hobbygärtner sind, die sich allenfalls reiche Gesellschaften leisten können. Ihre Effizienz ist heute vergleichbar mit der industriellen Landwirtschaft, sie erwirtschaften Erträge, die nur leicht unter jenen von Grossbetrieben liegen. Die USA beispielsweise könnten ihren Nahrungsmittelbedarf problemlos mit dem Ertrag von Bio-Kleinbauern decken, und diese wären zudem wirtschaft-

76 Paul Collier, *Der hungrige Planet,* Siedler, 2012.

lich besser gestellt als die heutigen Industriefarmer. »Neue ökonomische Bewertungen legen den Schluss nahe, dass die Profite der Bio-Bauernhöfe jene von konventionellen Betrieben übersteigen«, stellt Altieri fest. Die Gründe dafür: Biobauern erzielen nicht nur bessere Preise für ihre Produkte, sie können sich die Kosten für Erdöl, Dünger und Unkrautvertilgungsmittel sparen und damit die höheren Arbeitskosten mehr als kompensieren.

Altieri liefert damit die wissenschaftliche Bestätigung einer These, die eine junge Texanerin bereits 1971 vertrat. Frances Moore Lappé veröffentlichte damals ihr Kochbuch *Diet for a Small Planet*. Die alternative Rezeptsammlung fusste auf einer einfachen Überlegung: »Was wir essen, können wir kontrollieren. Dieser Akt verbindet uns mit der wirtschaftlichen, politischen und ökologischen Ordnung des ganzen Planeten.«[77] Ihr Kochbuch wurde ein Bestseller, genauso wie *Diet for a New America* von John Robbins aus dem Jahr 1987. Im Laufe der Jahre wurden Lappé und Robbins zu Aushängeschildern einer Bewegung, die Essen, Gesundheit und Politik als Gesamtpaket betrachten. Sie räumen auf mit dem Mythos, Hunger sei eine Folge von Überbevölkerung oder Mangel. Hunger ist vielmehr eine Folge einer einseitigen Ernährung und einer falschen Verteilung der Lebensmittel. Heute sind Lappé und Robbins Teil einer weltweiten Bewegung, die sich für eine nachhaltige Landwirtschaft und eine demokratische Gesellschaft einsetzt. Ob Menschen genug zu essen haben, ist nicht eine Frage von Gentech und industrieller Landwirtschaft. Das zeigt auch der ehemalige Finanzjournalist Roger Thurow auf, der 30 Jahre lang Reporter beim *Wall Street Journal* war. Dann

---

77 Frances Moore Lappé, *Diet for a Small Planet,* Ballantine Books, 1971.

hatte er genug von der Finanzwelt und wandte sich etwas ganz Anderem zu. Anstatt zu analysieren, wie Banker und Hedgefondsmanager ihr Geld an Computerterminals verdienen, beobachtete er ein Jahr lang, wie Kleinbauernfamilien in einem Weiler in Westkenia ihren kargen Lebensunterhalt erwirtschaften. Seine Schilderungen sind alles andere als eine Ode an das einfache Leben. »Das romantische Ideal vom afrikanischen Kleinbauern – eine Landbevölkerung, die in Einklang mit der Natur lebt und blühende Felder pflegt – hat sich verwandelt in eine Horrorszene von unterernährten Kindern, anstrengender körperlicher Arbeit und tiefster Hoffnungslosigkeit«, stellt Thurow fest.[78] »Niemand sollte es wagen, die Romantik mit der Realität zu verwechseln. Afrika ist eine Albtraum-Landschaft der Vernachlässigung.« Hunger sei allgegenwärtig, vor allem in den Monaten vor der Maisernte im Juni. In diesen langen Wochen des »Wanjala« sei es nach wie vor üblich, dass eine Tasse Tee, ein bisschen Mais oder gar nichts auf den Tisch komme, dass unterernährte Schüler in den Schulen dem Unterricht nicht folgen könnten, weil sie zu schwach seien, oder dass sie heimgeschickt würden, weil ihre Eltern das Schulgeld nicht bezahlen könnten. Dabei gebe es genügend fruchtbares Land und auch genügend Personal. Vier von fünf Kenianern sind Kleinbauern. Sie arbeiten hart und können dennoch nicht einmal genügend Nahrung für sich selbst produzieren. Die Rettung liegt jedoch nicht in grösseren Traktoren oder genmanipuliertem Mais. Das Hauptübel sind die wirtschaftlichen Rahmenbedingungen. Alles hat sich gegen die Kleinbauern verschworen. Sie verfügen über

---

78 Roger Thurow, *The Last Hunger Season: A Year in an African Farm Community on the Brink of Change,* Public Affairs Press, 2013.

keinerlei Reserven und müssen ihren Mais verkaufen, wenn die Preise am Boden sind, und zukaufen, wenn sie am Zenith sind. Wird ein Kind krank oder bricht sich jemand ein Bein, muss die Kuh verkauft werden, um den Arzt zu bezahlen. Ein Sack Mais mehr oder weniger kann darüber entscheiden, ob eine Familie hungert oder nicht. »Es ist eine perverse Wirtschaftsordnung, und eine, die die Kleinbauern in ihrer Armut gefangen hält«, stellt Thurow fest. Schon kleinste Änderungen dieser Wirtschaftsordnung zeigen spektakuläre Erfolge. Unter der Leitung des NGOs One Acre schliessen sich Kleinbauern – genauer Kleinbäuerinnen – zu Genossenschaften zusammen. Sie erhalten so besseres Saatgut zu vernünftigen Preisen und Dünger und werden über die besten Anbaumethoden instruiert. Auf demselben Boden kann somit bis zu zehnmal mehr geerntet werden.

Die dafür nötigen wirtschaftspolitischen Rahmenbedingen vorausgesetzt, wären Biobauern im Jahre 2050 in der Lage, die Weltbevölkerung zu ernähren. Hunger ist nicht die Folge eines Mangels an Lebensmitteln, sondern das Resultat einer grotesk ungleichen Verteilung. Die Vorstellung einer effizienteren industriellen Bewirtschaftung ist irreführend. Agroökologie ist weder Romantik noch Luxus. Es ist die Einsicht, dass Biodiversität und nachhaltige Entwicklung eine unverzichtbare Grundlage für Mensch und Natur sind und dass die Kombination von traditionellem Wissen und moderner Technik in der Lage ist, beides zu gewähren. Die Kubaner haben dies begriffen – nicht aus Einsicht, sondern aus Not.

Der Hedgefondsmanager und die Agroökologie

Tom Steyer ist einer der bedeutensten Hedgefondsmanager der USA. Er hat auf den Finanzmärkten Milliarden verdient. Seine Frau Kat Tylor liebt das Landleben. Ihr innigster Wunsch war eine eigene Farm und damit den Beweis zu erbringen, dass man selbst mit Viehzucht ökologisch nachhaltig Landwirtschaft betreiben kann. Und dass man damit auch Geld verdienen kann. Ihr Mann lachte sie aus, kaufte ihr zuliebe aber eine Farm im kalifornischen Pescadero. Der Betrieb befand sich in einem miserablen Zustand. Der vorhergehende Pächter hatte alles, was nicht niet- und nagelfest war, verkauft, sogar fruchtbare Erde hatte er wegkarren lassen. Sorgfältig päppelte Kat Taylor das Anwesen wieder auf.

Heute hat sie ihr Ziel erreicht. Ihre Rinder weiden auf saftigen Wiesen und ernähren sich ausschliesslich von Gras. Das hilft nicht nur der Umwelt. Gewöhnliche Mastrinder werden in schrecklichen »Feed Lots« gehalten. Eingesperrt in kleinste Boxen mästet man sie mit Kraftfutter möglichst rasch zur Schlachtbankreife. Die so gequälten Tiere rächen sich indirekt: Sie hinterlassen riesige Jaucheseen und heizen mit ihren Methanfürzen das Klima schlimmer an als Autos. Kat Tylors Rinder helfen hingegen dabei, die Klimabilanz zu verbessern. Die schweren Tiere drücken mit ihren Hufen abgestorbenes Pflanzenmaterial in den Boden, wo es kompostiert wird. Gleichzeitig rauen sie die Oberfläche auf und sorgen so dafür, dass der Boden mehr Regenwasser aufnehmen kann. Auf diese Weise können die Wiesen wieder mehr CO_2 absorbieren. Die Rinder wandern von Weide zu Weide. Kaum haben sie einen bestimmten Fleck verlassen, folgen ihnen die Hühner. Sie fressen Käfer und andere Insekten, die sich im Kuhdung eingenistet haben. So erhalten sie wertvolle Proteine und vernichten schädliche Parasiten. Auch die Hühner hinterlassen wertvollen Mist auf den Weiden. In einem Teich gehaltene Fische runden den Ökokreislauf ab. Sie werden mit Insekten gefüttert, die sich am Mist der Rinder laben, und ihre Abfälle düngen die Gemüsebeete.

Die hochwertigen Produkte ihrer Farm – Fleisch, Eier, Fisch und Gemüse – verkauft Tylor im Online-Biomarkt Good Eggs, eine Art Bio-Amazon.com. Das Jungunternehmen wendet sich mit den organisch erzeugten Lebensmitteln an eine Kundschaft, die nicht immer die Möglichkeit hat, sich auf einem lokalen Bauernmarkt mit Frischprodukten einzudecken. Das Geschäftsmodell ist ein Erfolg. Bereits besteht ein Verteilernetz in Brooklyn, San Francisco und New Orleans. Good Eggs erinnert an die Art und Weise, wie Biobauern auch bei uns seit Jahrzehnten ihre Produkte vertreiben. Man löst ein Abo für eine gewisse Zeitspanne und wird mit saisongerechten Produkten versorgt. Dank modernster Technik ist das System allerdings viel flexibler, die Auswahl viel grösser. Was die Qualität der Produkte betrifft, schwärmt die *New York Times:* »Einfach phänomenal.«

Bio und Hightech lassen sich nicht nur kombinieren, man kann damit schon heute gute Geschäfte machen. Hedgefondsmanager Steyer, der sich anfänglich über die angebliche Naivität seiner Frau lustig machte, staunt heute: »Wir könnten zehnmal mehr verkaufen, als wir produzieren, und zwar innerhalb von zehn Minuten.«

Gestatten: Hermann Fischer – Hightech aus dem Harz-Gebirge

Hermann Fischer ist ein leidenschaftlicher Chemiker. Obwohl er sich im Alter von 60 Jahren langsam zurücklehnen könnte, ist sein Engagement für die Wissenschaft ungebrochen. Er leidet unter dem schlechten Ruf seiner Branche. »Chemiker haben es nicht geschafft, in die Mitte der Gesellschaft vorzudringen«, bedauert er. Tatsächlich gelten Chemiker als Schmuddelkinder der Wissenschaft, und mit chemischen Fabriken verhält es sich wie mit Atomkraftwerken und Flughäfen: Niemand will sie in der Nachbarschaft haben. »Daran sind sie teilweise selbst schuld«, sagt Fischer. »Sie verstehen sich selbst als eine Elite und haben kein Interesse daran, dass jeder Hinz und Kunz versteht, was sie machen.«[79]

Hermann Fischer ist auch ein erfolgreicher Unternehmer. In Braunschweig betreibt er ein mittelständisches Unternehmen mit rund 40 Mitarbeitern. Es stellt Naturfarben her, aber auch Putzmittel, Klebstoffe und Lacke, alles auf biologischer Basis. Dafür hat er zahlreiche Auszeichnungen erhalten. Schon 1992 hat ihn das Wirtschaftsmagazin *Capital* zum Ökomanager des Jahres gewählt. Schliesslich ist Hermann Fischer auch ein gesellschaftspolitisch interessierter Mensch, der gerne über den Tellerrand seiner Branche hinausschaut. Er plädiert für eine Chemiewende, ähnlich der Energiewende. Deshalb hat er ein Buch geschrieben: *Stoff-Wechsel: Auf dem Weg zu einer solaren Chemie für das 21. Jahrhundert.* »Wir erkennen allmählich, welch ungeheure Potenz in Sonnen- und Windenergie steckt«,

---

79 Hermann Fischer, *Stoff-Wechsel: Auf dem Weg zu einer solaren Chemie für das 21. Jahrhundert,* Antje Kunstmann, 2012.

sagt Fischer. »Etwas Ähnliches wird auch mit der solaren Chemie passieren. Sie hat das Potenzial, in den nächsten Jahrzehnten zu einem führenden Wirtschaftsbereich zu werden.«

Chemie ist eine vergleichsweise junge Wissenschaft. In ihrer modernen Form basiert sie fast ausschliesslich auf einem einzigen Basisprodukt: Erdöl. »Die Abhängigkeit von fossilen Rohstoffen in der Chemie ist noch grösser als im Bereich der Energie«, stellt Fischer fest. »Haben wir in Deutschland derzeit einen Anteil von Erdöl, Erdgas und Kohle am Primärenergieverbrauch von etwa 78 Prozent, so beträgt der Anteil fossiler Rohstoffe am Primärstoffverbrauch der organisch-chemischen Industrie fast 87 Prozent.« Für diese Abhängigkeit gibt es einen banalen wirtschaftlichen Grund: Erdöl ist zumindest für chemische Zwecke spottbillig. Fischer glaubt, dass zudem auch die Allmachtsphantasien der Chemiker eine Rolle spielen. »Erdöl ist als Rohstoff eklig«, sagt er. »Endprodukte wie Farben und Kosmetika hingegen sind schön und wohlriechend. Das Überwinden dieser Distanz hat das Bewusstsein der Chemiker stets geprägt.« Mit anderen Worten: Der alte alchemistische Traum, aus Dreck Gold zu erzeugen, wird in der Petrochemie zumindest teilweise Wirklichkeit.

Erdöl lässt sich leicht cracken, will heissen, in seine Einzelteile zerlegen. Es ist damit für die chemische Industrie, was Mais für die Lebensmittelindustrie ist: der billigste Lieferant von Basisteilchen, aus denen neue Produkte zusammengesetzt werden können. Die Bandbreite ist dabei gross: Medikamente, Farbstoffe und Kunstharze können so hergestellt werden, aber auch Kunststoffe, Waschmittel und Kunstfasern. »Die Petrochemiker sind damit dem Ideal, für die spätere Weiterverarbeitung ausschliesslich die gewünschten ‹Lego-Bausteine› in unterschiedlicher Grösse und Form zur Verfügung zu stellen, sehr nahe gekommen«, stellt Fischer fest. Fischer möchte dies ändern, und zwar aus drei Gründen: Erstens ist Petrochemie sehr giftig. Chemieunfälle können katastrophale Folgen haben, wie die Beispiele Seveso, Bhopal und Schweizerhalle gezeigt haben. Zweitens sind die Erdölvorkommen endlich, und drittens fühlt sich der Wissenschaftler Fischer in seinem Stolz verletzt. »Die Bausteine der Petrochemie sind überaus banal«, sagt er. »Eiweissstoffe, Harze und Wachs sind viel komplexere Stoffe als Ethan und Benzol.« Basisstoffe wie Öle und Harze lassen sich auch aus Pflanzen gewinnen. »Für praktisch jedes aus Erdöl hergestellte Produkt der Alltagschemie gibt es einen Ersatz auf erneuerbarer Grundlage – vieles davon schon heute in breiter Anwendung«, stellt Fischer fest. Selbst Metalle können heute durch pflanzliche Werkstoffe ersetzt werden. Das wusste bereits Henry Ford. Der legendäre Autobauer und Erfinder des Fliessbandes wollte am Ende seines Schaffens einen »Ford vom Acker« bauen, ein Auto, dessen Chassis aus Hanf besteht. Schon in den 1930er Jahren liess er einen Prototypen fabrizieren. Heute noch gibt es einen Kurzfilm – als Video auf YouTube abrufbar – dieses Experimentes. »Man sieht, wie Henry Ford mit einem Hammer auf eine Kofferraumabdeckung eindrischt, die aus Naturfasern gefertigt wurde«, sagt Fischer. »Es bleibt keine Delle zurück, weil diese Naturfasern sehr flexibel sind.« Ford liess selbst detaillierte Pläne über nötige Anbauflächen für Hanf ausarbeiten. Er starb jedoch, bevor er sein »Ackerauto« in Serie schicken konnte.

Apropos Anbaufläche: Würde die Solarchemie nicht zwangsläufig in Konkurrenz zur Lebensmittelproduktion geraten und dieselbe Diskussion auslösen wie Biotreibstoffe und Palmöl? »Um Gottes Willen nein!«, sagt Fischer. »Eine Pflanze nur als Energieform zu benutzen, sie einfach zu verbrennen, das ist das Primitivste, das man sich vorstellen kann.« Gleichzeitig ist es naiv zu glauben, dass man Erdöl eins zu eins mit pflanzlichen Erdölen und Harzen ersetzen kann. Das weiss auch Fischer: »Wir werden das Kunststück zu vollbringen haben, die Ausgangsstoffe der Chemie zu wechseln und gleichzeitig mit diesen Ausgangsstoffen und den daraus hergestellten chemischen Produkten ungleich intelligenter und vor allem sparsamer umzugehen«, stellt er fest. Die Folgerung daraus: Für eine Solarchemie braucht es eine neue Wirtschaftsordnung. Wie aber soll diese aussehen?

Die Petrochemie ist gross und international. Sie ist Bestandteil einer Wirtschaftsordnung mit einer hochkomplexen Supply Chain, die den gesamten Globus umspannt. Die Solarchemie ist klein und lokal. Weil sie mit ungiftigen Ausgangsstoffen arbeitet, muss sie nicht auf der grünen Wiese angesiedelt und möglichst von Menschen abgeschottet werden. Solarunternehmen sind KMUs, die sich problemlos in Dörfer und Städte integrieren lassen, ähnlich wie Supermärkte und Handwerksbetriebe. Petrochemie ist zentralisiert, Solarchemie dezentralisiert. Sie setzt nicht auf Skalenökonomie und Massenproduktion, sondern auf kleine Mengen. Das muss kein Nachteil sein. »Gerade die Gleichförmigkeit der Skalenökonomie macht ein System für Krisen anfällig«, sagt Fischer. »Es fehlt die Flexibilität, und wenn sich nur ein kleiner Parameter ändert, kracht alles zusammen. Die Natur hingegen hat sich mit ihrer Vielfalt ein Höchstmass an Elastizität bewahrt.«

Diese Elastizität lässt sich nur mit dem Erhalt der Biodiversität sicherstellen. Solarchemie und Monokultur sind deshalb natürliche Feinde. Es muss verhindert werden, so Fischer, »dass die land- und forstwirtschaftlichen Anbauflächen auf unserem Globus nach dem schlechten Vorbild der Petrochemie durch grossflächigen Aufkauf ganzer Anbauregionen doch wieder in die Hände multinationaler Konzerne gelangen, die dann eben nicht Petromultis, sondern Agrarmultis sind«. Monopole würden also die »wichtigsten Vorteile der solaren Grundstoffproduktion aufs Spiel setzen: Vielfalt, Dezentralität, Autarkie und nachhaltige Stabilität«. Deshalb ist auch nicht der Mangel an Anbaufläche das Problem, sondern die monopolartige und oft auch unsinnige Nutzung. Die grösste Fläche in den USA wird heute beispielsweise weder mit Mais noch mit Soja bepflanzt, sondern mit Rasen! »Tatsächlich nutzen wir heute nur einen Bruchteil der weltweiten Landfläche als Ackerfläche«, stellt auch Fischer fest. »Allein die sogenannten ‹degradierten Flächen›, die derzeit als nicht hochwertig genug angesehen werden, machen mehr als das Doppelte der heutigen Ackerflächen aus. Nutzpflanzen zur Herstellung solarer Grundstoffe sind jedoch meist anspruchslose Pflanzen, die – wie etwa die Färbepflanze Reseda – auch auf degradierten Flächen sehr gut gedeihen.«[80]

Sonnenenergie und Solarchemie ergänzen sich ideal. Beide setzen auf lokale und regionale Kreisläufe und auf ein Netzwerk von kleinen und mittleren Betrieben. Sind sie damit den viel mächtigeren und auf bedingungslose Effizienz getrimmten Grossunternehmen nicht hoffnungslos unterlegen? Nein, sagt Fischer und begründet dies: »Die bei Grosstechnologien heute noch gegebenen Skaleneffekte (höhere Produktivität in grösseren Anlagen) verlieren künftig an Bedeutung. Inzwischen stehen neue Technologien wie beispielsweise die chemische Produktion in Mikroreaktoren zur Verfügung, die grosse

---

80 Hermann Fischer, *Stoff-Wechsel: Auf dem Weg zu einer solaren Chemie für das 21. Jahrhundert,* Antje Kunstmann, 2012.

Produktionseinheiten zunehmend obsolet machen. In solchen Mikroreaktoren werden die einzelnen Komponenten des herzustellenden Produkts nicht mehr absatzweise zusammengefügt, gemischt und gegebenenfalls zur Reaktion gebracht, sondern als fortlaufender Strom von Grundstoffen, die auf sehr kleinem Raum zusammentreffen, dort in kürzester Zeit intensiv gemischt werden und den Mikroreaktor dann gemeinsam als homogenen Strom des fertigen Produktes verlassen.« Die Mikroreaktoren sind damit die Antwort der Chemie auf die 3-D-Printer. Auch diese Technik trägt dazu bei, die industrielle Massenproduktion obsolet zu machen.

Hermann Fischer will nicht zurück zur Natur, er will eine vernünftige Partnerschaft mit der Natur. Die Technik hilft ihm dabei. »Solarchemie ist eine Mischung aus Hightech und Tradition im Sinne der bewährten Prinzipien«, sagt er. Solarchemie sei kein esoterisches Hobby, sondern ein zukunftsträchtiges Geschäft. »Steve Jobs war einst ein Hippie«, sagt Fischer. »Inzwischen ist Apple das wertvollste Unternehmen der Welt geworden.« Dieses Ziel hat Fischer nicht vor Augen. In seiner idealen Welt haben Multis wie die Petrochemie ausgedient. »Wir wollen keine Grosskonzerne, sondern möglichst viele kleine, vernetzte Unternehmen.« Um dies zu ermöglichen, missachtet er eines der wichtigsten Credos seiner Branche: Er verzichtet konsequent auf Patentrechte. »Je mehr Betriebe uns kopieren, desto besser«, sagt er.

Der Sonnenchemiker Fischer ist weder Milliardär noch Raumfahrtexperte, aber auch er schätzt ein gutes Leben. Er lebt in einem sorgfältig renovierten, ehemaligen Minenarbeiterhaus in einer prachtvollen Umgebung im Harzgebirge. Sein Glück findet er weder im Jenseits noch in einer virtuellen Welt, sondern im Genuss. Oder wie er es ausdrückt: »Die

Chemiewende, die mit der Energiewende als eine ebenso logische wie ebenso unausweichliche Entwicklung parallel geht, ist ein der Zukunft zugewandtes, fröhliches Konzept, in dem für Nostalgie wenig Platz ist, wohl aber für Genuss, Sicherheit, Verlässlichkeit und Zukunftsfähigkeit.«[81]

81 Hermann Fischer, *Stoff-Wechsel: Auf dem Weg zu einer solaren Chemie für das 21. Jahrhundert,* Antje Kunstmann, 2012.

KAPITEL 13

Was tun? – Die Reformagenda

Was nun? Was tun? Bevor wir die wichtigsten Reformvorschläge zusammenfassen, müssen wir kurz auf die Theorie zurückkommen. Die aktuelle wirtschaftspolitische Misere liegt vor allem darin, dass die dogmatisch verengte Optik der vorherrschenden ökonomischen Schule die wahren Probleme verschleiert. Solange das so bleibt, fehlen die Einsicht und der politische Wille, die nötigen Reformen umzusetzen. Hier deshalb unsere sechs zentralen Kritikpunkte im Überblick:

Erstens: Die Mainstream-Ökonomie geht davon aus, dass nur Bedürfnisse zählen, die gegen Geld produziert und getauscht werden. In Wirklichkeit vollzieht sich etwa die Hälfte der Wertschöpfung ausserhalb der Geldwirtschaft, also per Selbstversorgung. Zwischen der Geldwirtschaft und der Selbstversorgung besteht ein Konkurrenzverhältnis. Beide beanspruchen dieselben Zeitreserven. Der Tag hat nun einmal nur 24 Stunden. Dieses Zeitbudget wird beansprucht von Schlaf, Gelderwerb, Hausarbeit, Konsum und von der Pflege gesellschaftlicher Beziehungen. Ökonomie muss immer auch die Dimension Zeit im Auge behalten.

Zweitens: Entgegen den Unterstellungen der klassischen Ökonomen ist Selbstversorgung keineswegs ineffizient. Sie hat gegenüber der globalen Geldwirtschaft sogar wesentliche Kostenvorteile: Nachfrage und Angebot müssen sich nicht erst mühsam finden, die Kosten für Arbeitsweg, Transport, Ausschussware und Organisation sind deutlich geringer. Die Freude an der Arbeit ist grösser. Und: Die Wichtigkeit all dieser Vorteile nimmt tendenziell stark zu.

Drittens: Die herrschende Ökonomie verwechselt Betriebs- mit Volkswirtschaft. Sie geht davon aus, dass es vor allem auf eine effiziente Produktion ankommt und dass steigender materieller Wohlstand unser Wohlbefinden erhöht. Das ist zu kurz gedacht. Die Wirtschaft beeinflusst unser Wohlbefinden in erster Linie dadurch, wie sie unsere Gesellschaft organisiert – beziehungsweise desorganisiert.

Viertens: Die Marktwirtschaft ist nicht dazu da, Arbeitsplätze zu schaffen. Im Gegenteil: Sie zwingt die Unternehmen, Kosten und Arbeit zu sparen. Sie hat dazu grundsätzlich zwei Möglichkeiten: Effizienz oder Ausbeutung. In welchem der beiden Modi die Wirtschaft fährt, ist Sache der politisch gesetzten Rahmenbedingungen oder der Institutionen.

Fünftens: Entscheidend ist das Gleichgewicht der Kräfte. Die Theorie des Allgemeinen Gleichgewichts – noch immer das intellektuelle Rückgrat der herrschenden Ökonomie – geht davon aus, dass ein vollkommenes Gleichgewicht zwischen Angebot und Nachfrage dadurch hergestellt werden kann, dass man den Marktkräften freien Lauf lässt. Doch das ist eine Utopie. In einer Gesellschaft existiert immer nur ein ungefähres Gleichgewicht der Kräfte – und um es herzustellen, braucht es Institutionen, die wiederum auf Vertrauen aufgebaut sein müssen, also auf sozialem Kapital. Die anonymen Marktkräfte allein können dieses Vertrauen nie herstellen, eben weil sie anonym und keiner demokratisch legitimierten Kontrolle unterstellt sind.

Sechstens: Die Verteilungsfrage ist zentral, doch sie wird von der Ökonomie weitgehend tabuisiert. In aktuellen ökonomischen Texten ist immer wieder von der »Schuldenkrise« die

Rede, obwohl es sich offensichtlich um eine Verteilungskrise handelt. Sie ist dadurch entstanden, dass sich die rechtlichen Ansprüche auf das Bruttosozialprodukt – also die Einkommen – immer weiter von seiner physischen Beanspruchung entfernen. Während der effektive Konsum noch immer etwa gleich verteilt wird wie einst, konzentrieren sich die Einkommen in immer weniger Händen. Logische Folge: Damit die Produktion erhalten oder weiter gesteigert werden kann, müssen sich die Armen bei den Reichen verschulden. Daraus entstehen dann die sogenannten Schuldenberge. Die Mainstream-Ökonomie will diesen Zusammenhang nicht sehen und schiebt die Schulden den Zentralbanken (extensive Geldpolitik) oder den Regierungen (mangelnde Ausgabedisziplin) in die Schuhe.

Aus dieser Analyse ergibt sich unsere Reformagenda. Zentral ist die Wiederherstellung des Gleichgewichts auf dem Arbeitsmarkt. Dort herrscht seit Jahrzehnten ein Überangebot, das die Marktwirtschaft fast schon zwingt, im »Ausbeutungsmodus« zu funktionieren. Deshalb muss zunächst einmal die Arbeitszeit besser geregelt werden. Konkret: Die Normarbeitszeit muss – wie einst in den 30 goldenen Jahren (1950–1980) – kontinuierlich dem effektiven Bedarf angepasst werden. Jeder soll in etwa so viel arbeiten und produzieren, wie er zur Befriedigung seiner Bedürfnisse braucht. In Deutschland sind das etwa fünf Stunden pro Arbeitstag. Die Reform geht zwei wichtige Probleme auf einmal an: Erstens kann dadurch das Kräftegleichgewicht auf dem Arbeitsmarkt wiederhergestellt werden. Noch wichtiger ist aber der zweite Aspekt: Solange sich die Menschen einen zermürbenden Sesseltanz um die viel zu raren 40-Stunden-Jobs liefern müssen, kann sich die Nicht-Geldwirtschaft nicht vernünftig entwickeln. Das Nebeneinander der beiden Wirtschaftsformen erfordert klare Grenzen. Dabei sind die Unternehmen eher in der Lage, Konzessionen zu machen. Ihr soziales Gefüge ist weniger zerbrechlich als Familien oder Nachbarschaften. Die Effizienzgewinne durch einen hyperflexiblen Einsatz der Arbeitskräfte sind im Verhältnis zu den dadurch verursachten Kosten marginal.

Wie soll die Anpassung der Arbeitszeit konkret aussehen? Beispielsweise könnte man die Statistik der durchschnittlich geleisteten Arbeitsstunden konsultieren und den Sozialpartnern vorschreiben, diese Jahres- oder die entsprechenden Wochenstunden in die Arbeitsverträge zu übernehmen. Man könnte auch verfeinerte Messmethoden anwenden, die beispielsweise die Arbeitslosenquote und die Exportüberschüsse berücksichtigen. In Deutschland und in der Schweiz würde dadurch die Normarbeitszeit je um gut 10 Prozent gesenkt. Um diesen harten Eingriff in die Tariffreiheit zu vermeiden, kann man auch nur die Sozialwerke auf die durchschnittlichen Arbeitszeiten ausrichten. Konkret: Wer 40 statt beispielsweise 28 Stunden arbeitet, zahlt zwar Abzüge auf den vollen Lohn, die Sozialwerke versichern aber nur 70 Prozent des Einkommens. Die übrigen 30 Prozent der Beiträge gehen an Arbeitnehmer, deren Stundenzahl unter dem Schnitt liegt. Dadurch entsteht ein Anreiz, nicht mehr als die durchschnittliche Arbeitszeit zu leisten.

Das Deutsche Institut für Wirtschaft (DIW) schlägt vor, Eltern von eins- bis dreijährigen Kindern einen Lohnersatz von maximal 360 Euro monatlich zu zahlen, wenn beide freiwillig statt 40 nur 32 Stunden pro Woche arbeiten.[82] Aller-

---

82 »Bessere Vereinbarkeit von Familie und Beruf durch eine neue Lohnersatzleistung bei Familienarbeitszeit«, *DIW Wochenbericht 46,* November 2013.

dings geht aus dem Datensatz der Studie hervor, dass Paare mit kleinen Kindern im Schnitt ohnehin nur 23 Stunden pro Kopf arbeiten, freiwillig oder weil der Arbeitsmarkt nicht mehr hergibt.

Ein zweiter wichtiger Reformpunkt ist die Lockerung der Zumutbarkeitsregeln. Der Gesetzgeber sollte davon ausgehen, dass sich Arbeitnehmende umso intensiver an der nicht-monetären Wertschöpfung beteiligen, je besser sie an ihrem Wohnort und in ihrer Familie integriert sind. Lange Arbeitswege und ein häufiger Wohnortswechsel untergraben diese Wertschöpfung.

Dritter Reformpunkt: Ähnliches gilt für den zumutbaren Lohn. Heute ist es insbesondere in Deutschland so, dass sich Unternehmen die Lohnkosten vom Staat bezahlen lassen können. Sie zahlen Löhne, die den Arbeitnehmenden nicht erlauben, einen minimalen Lebensunterhalt zu finanzieren, geschweige denn, die Kosten für die Beanspruchung der öffentlichen Dienste wie Schulen und Infrastruktur zu bezahlen. Die Differenz übernimmt der Staat. Um solche Fehlanreize zu vermeiden, braucht es einen Mindestlohn – rund 15 Euro pro Stunde –, der diese Kosten deckt. Arbeit zu einem tieferen Lohn sollte nicht zumutbar sein.

Viertens: Auch ein deutlich höherer Mindestlohn schafft bei Weitem nicht die Nachfrage, die nötig ist, um bei einer 28-Stunden-Woche die Vollbeschäftigung zu sichern. Deshalb müssen die Arbeitnehmenden bei den Lohnverhandlungen gestärkt werden. Damit kann man wiederum zwei Ziele erreichen: Erstens: Reallohnerhöhungen im Ausmass der gesamtwirtschaftlichen Produktivitätssteigerung. Zweitens: Einkommen, die auch für die ärmere Hälfte der Bevölkerung die laufenden Ausgaben plus Vorsorge plus einen angemessenen

Beitrag an die öffentlichen Güter finanzieren. Im Klartext: Die Lohnsumme muss so hoch sein, dass der Unternehmenssektor wieder (leichte) Nettofinanzierungsdefizite hinnehmen muss. Nur so lässt sich die Schuldenwirtschaft stoppen, ohne gleichzeitig die Konjunktur abzuwürgen. Eine an der Produktivität orientierte Lohnpolitik ist in der Vergangenheit vor allem daran gescheitert, dass sich Länder wie Deutschland oder die Niederlande durch eine Politik der Lohnmässigung Vorteile auf den Exportmärkten erschlichen haben. Deshalb braucht es zumindest innerhalb der Eurozone eine koordinierte Lohnpolitik. Die wird allerdings dadurch erschwert, dass sich die Lohnniveaus in den einzelnen Euroländern weit vom ursprünglichen Gleichgewicht entfernt haben. Ausserhalb der Eurozone braucht es keine koordinierte Lohnpolitik, weil Lohnmässigung durch steigende Wechselkurse korrigiert beziehungsweise bestraft wird. Allerdings kann man dieser »Strafe« durch Währungsmanipulationen ausweichen, beispielsweise, indem man wie die Schweiz den Kurs des Euro bei 1.20 Franken fixiert.

Fünftes: Staat oder Gemeinden sollten lokale Währungen fördern und sich an diesem System beteiligen. Beispielsweise, indem ein bestimmter Prozentsatz der Steuern in Lokalwährung entrichtet werden kann, oder indem Zulieferer teilweise in Lokalwährung bezahlt werden. Auf diese Weise wird auch sichergestellt, dass Einkommen und Umsätze in lokalen Währungen genauso besteuert werden wie alle anderen Einkommen.

Sechstens: Bei der Orts- und Städteplanung sollte für eine gute Durchmischung von Wohnen, Gewerbe und Kultur gesorgt werden. Auf öffentlichen Grünflächen sollte man Urban Gardening erlauben und fördern.

Siebtens: Die Submissionsverordnungen müssen gelockert werden. Städte und Gemeinden sollten im Gesamtinteresse entscheiden können – und im Zweifelsfall jenem Bewerber den Zuschlag geben können, der lokale Arbeitsplätze schafft und damit Steuereinnahmen generiert.

Achtens: Bei der Energieversorgung und beim Wohnungsbau sollte man, wenn möglich, lokalen Lösungen den Vorzug geben. Damit entsteht ein gewerblicher Grundstock, auf dem durch geschickte Rückkoppelung zusätzliche Aktivitäten entstehen können. Siehe auch Punkt fünf: Lokalwährungen.

Neuntens: In der Schule und in der Erwachsenenbildung muss der Haus- und Lokalwirtschaftslehre ein wichtiger Platz eingeräumt werden. Mögliche Fächer sind: Urban Gardening, Umgang mit 3-D-Druckern, Lokalwährungen, Kranken- und Altenpflege. Schon in den Lehrplänen muss klar werden, dass Geldwirtschaft nicht die einzige Wirtschaftsform ist.

So weit die wichtigsten Reformen. Die Liste liesse sich noch um viele Punkte verlängern, doch die allgemeine Stossrichtung ist klar: Ungleichgewichte beseitigen, lokale Aktivitäten fördern, Freiräume für »andere Wirtschaftsformen« schaffen.

Auf unserer Liste fehlen die üblichen Reformfragen wie Abbau der Schuldenwirtschaft, Ausgleich der Staatsbudgets, mehr Eigenkapital für die Banken, Euro abschaffen oder nicht. Diese Fragen sind aber wichtig. 15 Jahre zunehmender Ungleichheit haben einen Schuldenberg hinterlassen, für den es keine Sicherheiten gibt. Die Schuldner dieser Welt – im Wesentlichen die ärmere Hälfte der Haushalte – sind faktisch pleite. Rein volkswirtschaftlich ist das deshalb kein Problem, weil die Gläubiger keinerlei Grund haben, ihre Guthaben kurzfristig einzutreiben oder gegen Güter und Dienstleistungen einzutauschen. Dennoch ist die Gefahr real: Viele Bilanzen von Banken und Unternehmen sehen nur noch solide aus, solange »man« glaubt, dass die darin verbuchten Guthaben werthaltig sind. Schwindet dieses Vertrauen, bricht das globale Kreditkartenhaus zusammen, wodurch auch die reale Wirtschaft zum Erliegen kommen könnte. Noch sorgen die Notenbanken dafür, dass dieses Vertrauen erhalten bleibt. Zu diesem Zweck kaufen sie den Banken notfalls ihre dubiosen Guthaben ab. Im Gegenzug werden den Geschäftsbanken Guthaben gegenüber den Notenbanken eingeräumt. Damit ist auch die Gefahr eines Bank Runs gebannt: Denn eine Geschäftsbank kann bei der Notenbank jederzeit genügend Banknoten abrufen, um unruhig gewordene Sparer auszuzahlen. All dies ist zwar technisch nicht ganz einfach, aber machbar. Wenn die Notenbanker die Nerven behalten, ist ein Finanzkollaps trotz steigender Überschuldung abwendbar.

Doch das Grundproblem bleibt. Es liegt in der zunehmend einseitigen Einkommensverteilung, die wiederum weitgehend eine Folge der Globalisierung ist. Je globaler die Wirtschaft, desto grösser sind die Hebel der Ausbeutung. Die Lösung besteht darin, die nationalen und lokalen Gegenkräfte zu stärken. Das ist realistisch, denn der Trend geht ohnehin in diese Richtung. Obwohl starke Kräfte hinter der Globalisierung stehen, ist sie ein Auslaufmodell. Wollen wir sie loswerden, müssen wir ein wenig nachhelfen.

Quellenverzeichnis

Buchpublikationen

Acemoglu, Daron, Robinson, James A., *Why Nations Fail: The Origins of Power, Prosperity and Poverty*, New York: Crown Business, 2012.

Altieri, Miguel, *Agroecology: The Science Of Sustainable Agriculture*, New York: Westview Press, 1995.

Bowles, Samuel, *The New Economics of Inequality and Redistribution*, Cambridge: Cambridge University Press, 2012.

Boyer, Robert, *Théorie de la régulation – l'état des savoirs*, Paris: La Découverte, 1995.

Brynjolfsson, Erik, McAfee, Andrew, *Race against the Machine: How the Digital Revolution is Accelerating Innov ation*, Digital Frontier Press, 2011.

Care-Ökonomie? Offene Fragen und politische Implikationen. Mascha Madörin und Tove Soiland im Gespräch, Denknetz, Jahrbuch 2013, Zürich: edition 8, 2013.

Collier, Paul, *Der hungrige Planet*, München: Siedler, 2012.

Datenreport 2013. Ein Sozialbericht für die Bundesrepublik Deutschland, Destatis (Hg.), Bonn 2013.

Fischer, Hermann, *Stoff-Wechsel: Auf dem Weg zu einer solaren Chemie für das 21. Jahrhundert*, München: Antje Kunstmann, 2012.

Graeber, David, *The Democracy Project: A History, a Crisis, a Movement*, New York: Random House, 2013.

Hayek, Friedrich August von, *Rechtsordnung und Handelsordnung. Aufsätze zur Ordnungsökonomik*, Tübingen: Mohr Siebeck, 2003.

Hess David, *Localist Movement in a Global Economy: Sustainability, Justice, and Urban Development in the United States*, Massachusetts: MIT, 2009.

221

Jacobs, Jane, *The Nature of Economies,* New York: Random House, 2000.

Jacobs, Jane, *The Death and Life of Great American Cities,* New York: Random House, 1961.

Katz, Bruce, Bradley, Jennifer, *The Metropolitan Revolution: How Cities and Metros Are Fixing Our Broken Politics and Fragile Economy,* Washington: Brookins Institution Press, 2013.

Kurzweil, Ray, *How to Create a Mind: The Secret of Human Thought Revealed,* New York: Viking Penguin, 2012.

Lévi-Strauss, Claude, *Mythologica. Das Rohe und das Gekochte,* Frankfurt a. M.: Suhrkamp, 1976.

Lynn, Barry C., *Cornered: The New Monopoly Capitalism and the Economics of Destruction,* Hoboken: John Wiley and Sons, 2011.

Madörin, Mascha, »Die Logik der Care-Arbeit. Annäherung einer Ökonomin«, in: Ruth Gurny & Ueli Tecklenburg (Hgg.), *Arbeit ohne Knechtschaft,* Zürich: edition 8, 2013.

Menasse, Robert, *Der Europäische Landbote,* Wien: Zsolnay, 2012.

Moore Lappé, Frances, *Diet for a Small Planet,* New York: Ballantine Books, 1971.

Moss, Michael, *Salt, Sugar, Fat: How the Food Giant Hooked Us,* New York: Random House, 2013.

Phelps, Edmund, *Mass Flourishing: How Grassroots Innovation Created Jobs, Challenge, and Change,* Princeton: Princeton University Press, 2013.

Phlips, Louis, *Competition Theory – a game-theoretic perspective,* Cambridge: Cambridge University Press, 1995.

Pollan, Michael, *Cooked: A Natural History of Transformation,* New York: Penguin, 2013.

Rifkin, Jeremy, *Die dritte industrielle Revolution. Die Zukunft der Wirtschaft nach dem Atomzeitalter,* Frankfurt a. M.: Campus, 2011.

Rodrik, Dani, *The Past, Present and Future of Economic Growth,* Global Citizen Foundation, 2013.

Rodrik, Dani, *Who Needs the Nation State,* Cambridge: Harvard University Press, 2012.

Schmidt, Eric, Cohen, Jared, *Die Vernetzung der Welt,* Reinbek: Rowohlt, 2013.

Schwarz, Fritz, *Das Experiment von Wörgl,* Darmstadt: Synergia-Verlag, 2006, http://userpage.fu-berlin.de/~roehrigw/woergl/ (Stand: 31.12.2013).

Seabright, Paul, *Société des Inconnus, histoire naturelle de la collectivité humaine,* Genève: Markus Haller, 2011.

Seligman, Martin, *Flourish: A Visionary New Understanding of Happiness and Well-being,* New York: Free Press, 2011.

Thurow, Roger, *The Last Hunger Season: A Year in an African Farm Community on the Brink of Change,* New York: Public Affairs, 2013.

Warner, Melanie, *Pandora's Lunchbox: How Processed Food Took Over the American Meal,* New York: Scribner, 2013.

Zeitschriften

Alam, M. Shahid, »Constant returns to scale: can the market economy exist?«, *real-world economics review,* no. 64, 2013.

»Bessere Vereinbarkeit von Familie und Beruf durch eine neue Lohnersatzleistung bei Familienarbeitszeit«, *DIW Wochenbericht 46,* November 2013.

»Das Aldi-Prinzip – wird Deutschland zur Billig-Republik?«, *ARD-Talk,* 8. Juli 2013.

»Der 3-D-Druck wird die dritte industrielle Revolution auslösen«, *Kundenmagazin SwissQuote,* Nr. 6, Januar 2014.

»Falsches Glück«, Gastbeitrag von Norbert Blüm, *FAZ am Sonntag,* 28. Juli 2013.

»For Rent: Trendy Jeans, Washing Maschines«, *Wallstreet Journal,* 2. Dezember 2013.

Frey, Bruno S., Stutzer, Alois, »Commuting and Life Satisfaction in Germany«, *Informationen zur Raumentwicklung,* Heft 2/3, 2007.

Ganesh, Janan, »Living standards are too big a problem for politics«, *Financial Times,* 27. August 2013.

»Geizen beim Füllen des Tankes kann schon einmal gefährlich werden«, *Tages-Anzeiger,* 12.8.2013.

Gordon, Robert J., »Is U.S. Economic Growth Over?«, *Working Paper No. 18315,* National Bureau of Economic Research, 2012.

»Günter Wallraf deckt auf: So behandelt GLS seine Fahrer«, *RTL Reporter,* 17.9.2012, http://www.rtl.de/cms/news/rtl-aktuell/guenter-wallraff-deckt-auf-so-behandelt-gls-seine-fahrer-22852-51ca-84-1140316.html (Stand: 31.12.2013).

»Italienischer Konzern Barilla entwickelt 3D-Drucker für Nudeln«, *NZZ*, www.nzz.ch/wirtschaft/newsticker/italienischer-konzern-barilla-entwickelt-3d-drucker-fuer-nudeln-1.18217893 (Stand: 31.12.2013).

Jayadev, Arjun, Bowles, Samuel, »Guard Labor: An Essay in Honor of Pranab Bardhan«, *Working Papers wp90*, Political Economy Research Institute, University of Massachusetts at Amherst, 2004.

Kasparow, Garry, Thiel, Peter, »Our dangeours illusion of tech progress«, *Financial Times*, 8.11.2012, http://www.ft.com/cms/s/0/8adeca00-2996-11e2-a5ca-00144feabdc0.html#axzz2ptMqbYcT (Stand: 31.12.2013).

Krugman, Paul, »Secular Stagnation, Coalmines, Bubbles, and Larry Summers«, *New York Times*, 16.11.2013.

Meier, Stephan, Stutzer, Alois, »Is Volunteering Rewarding in Itself?«, http://wwz.unibas.ch/fileadmin/wwz/redaktion/wipo/Alois_Stutzer/Volunteering_Economica.pdf (Stand: 31.12.2013).

»Mittendrin und nicht dabei«, *Spiegel*, 18.11.2013, Ausgabe Nr. 47, S. 78.

»Optimists Spot Green Shoots amid Italian Economic Gloom«, *Financial Times*, 7.8.2013.

Sassen, Saskia, »Zürich ist eine Art Dubai von Europa«, *NZZ*, 25.10.2013.

Straubhaar, Thomas, »Piraten: Beim Grundeinkommen auf richtigem Kurs!«, *HWWI Standpunkt*, Mai 2013.

Tages-Anzeiger, 26.6.2013.

Thoits, Peggy A., Hewitt, Lyndi N., »Volunteer Work and Well-Being«, *Journal of Health and Social Behavior*, 2001, Vol. 42, (June): 115–131.

Traub-Merz, Rudolf, »Finanzkrise: China will mit Binnenwachstum an der Weltwirtschaftskrise vorbei«, http://library.fes.de/pdf-files/iez/global/05950.pdf (Stand: 31.12.2013).

Wilders, Geert, »The Resurgence of European Patriotism«, *Wall Street Journal*, 21.11.2013.

Wolf, Martin, »An Outbreak of Frugality in the Euro Zone«, *Financial Times*, 5.6.2013.

»Zalando will durch neues Lager in Erfurt wachsen«, *Thüringer Allgemeine*, 21.2.2012, http://www.thueringer-allgemeine.de/web/zgt/wirtschaft/detail/-/specific/Zalando-will-durch-neues-Lager-in-Erfurt-weiter-wachsen-1648044795 (Stand: 31.12.2013).